VEGAN DURCH DEN TAG

Kochen & Backen
mit Schlagfix

weimarer
verlagsgesellschaft

INHALT

Inhalt

Kirsten Hartung - LeHA

„DIE VERNUNFT BEGINNT
BEREITS IN DER KÜCHE."

FRIEDRICH NIETZSCHE

SCHLAGFIX

Mit diesem Kochbuch erfüllt sich für mich ein langgehegter Traum. Als Inhaberin und Geschäftsführerin der LeHA GmbH bin ich seit über 12 Jahren für den Vertrieb unserer rein pflanzlichen Produkte unter der Marke Schlagfix verantwortlich. Eine der größten Herausforderungen dabei war immer, Verbrauchern die unglaublich vielseitigen Anwendungsmöglichkeiten unserer pflanzlichen Produkte aufzuzeigen. Schließlich lassen sich mit Schlagfix-Produkten alle möglichen Rezepte wunderbar tierleidsfrei zubereiten.

Mehr noch, unsere Produkte eröffnen oft sogar ganz neue kulinarische Möglichkeiten, da sie aufgrund ihrer rein pflanzlichen Zutaten zusätzliche Anwendungsmöglichkeiten schaffen. Der Fantasie sind so kaum Grenzen gesetzt.

Unser Wunsch war es deshalb, möglichst viele Einflüsse und Ideen in diesem Buch unterzubringen. Denn viele Köche verderben bekanntlich den Brei - machen ein Kochbuch aber insgesamt noch viel inspirierender.

Darüber hinaus war es uns auch wichtig, zu zeigen, wie einfach es mittlerweile geworden ist, tierische durch pflanzliche Zutaten zu ersetzen, ohne dabei auf Geschmack verzichten zu müssen. Dadurch hoffen wir, noch mehr Menschen für eine rein pflanzliche Ernährungsweise begeistern zu können. Zum Wohle der Umwelt, der Tierwelt und zum Wohle jedes Einzelnen.

Denn sich vegan zu ernähren, bedeutet vor allem auch, sich besser zu fühlen. Als studierte Sportwissenschaftlerin kann ich aus persönlicher Erfahrung bestätigen, dass eine Umstellung auf eine rein pflanzliche Ernährung ganz neue Energien freisetzen kann.

Ich hoffe deshalb, Sie haben beim Lesen und Ausprobieren der Rezepte genauso viel Freude wie mein Team und ich beim Erstellen. Mein besonderer Dank gilt natürlich vor allem allen Köchen, Autoren und Fotografen, die dieses Buch mit ihrem Engagement erst möglich gemacht haben. An dieser Stelle möchte ich betonen, dass fast alle Fotos im Buch während der Zubereitung entstanden sind.

Kirsten Hartung

Kirsten Hartung

Liebe Christina,
viel Spaß beim Ausprobieren

August 2018

Harald Ullmann - PeTA

„TIERSCHUTZ IST ERZIEHUNG
ZUR MENSCHLICHKEIT."

ALBERT SCHWEITZER

PETA

„Weil pflanzlich einfach besser ist": Mit den Produkten der Marke Schlagfix zählt LeHA seit mehr als zehn Jahren zu den Vorreitern veganer Milchersatzprodukte auf dem deutschen Markt. Ob rein pflanzliche Schlagsahne, Mayonnaise oder Nuss-Nougat Creme: Das Unternehmen schafft neue, innovative Produktwelten ganz ohne Tierleid.

Auch für PETA Deutschland e.V. kann eine moderne und nachhaltige Lebensweise nur über den Weg einer ausgewogenen, veganen Ernährung gelingen. Viele Ideen und die gemeinsame Vision, die Ausbeutung von Kühen in der Milchindustrie zu stoppen, verbinden LeHA und die Tierrechtsorganisation.

Kein Lebewesen ist auf Milch angewiesen, die nicht von seiner eigenen Mutter stammt. Immer häufiger nehmen Verbraucher die Bilder wahr, die Kühe zeigen, die ihr Leben als Milchmaschinen degradiert verbringen müssen und bereits wenige Stunden nach der Geburt von ihren Kälbern getrennt werden. Hier müssen wir ansetzen und uns weiter mit Leidenschaft engagieren.

LeHA zeigt, wie lecker eine milchfreie und vegane Ernährung ist. Daher werden wir unsere Zusammenarbeit in Zukunft noch weiter ausbauen und die Vision einer tierleidfreien Lebensweise voranbringen. Das Kochbuch „Kochen & Backen mit Schlagfix" ist ein wichtiger Schritt in diese Richtung:

LeHA lädt gemeinsam mit vielen veganen Köchinnen und Köchen sowie bekannten Gesichtern dazu ein, das pflanzliche Leben auszuprobieren und neue Geschmacksvielfalten ohne Tierleid zu entdecken.

Wir freuen uns, das Buch mit unserem Wissen zu unterstützen. Gemeinsam für die Rechte aller Tiere.

Harald Ullmann

WARUM VEGAN?

UMWELT

Vielen Menschen ist nicht bewusst, wie sehr die landwirtschaftliche Tierhaltung – und damit der Konsum tierischer Produkte – unserer Umwelt schadet. Laut der Welternährungsorganisation WHO ist sie einer der Hauptverursacher für die größten Umweltprobleme unserer Zeit: Klimawandel, Trinkwasserknappheit und Bodendegeneration. Wie kommt das?

Die Tierhaltung erzeugt direkt, durch Verdauungsprozesse und Ausscheidungen der Tiere, sowie indirekt, durch Landnutzungsänderungen, Rodung oder Transport, die klimarelevantesten Treib-

hausgase Kohlenstoffdioxid, Methan und Stickoxid. Durch eine pflanzliche Ernährung könnte fast die Hälfte der Emissionen reduziert werden[1], weshalb das UN-Umweltprogramm[2] den Wandel hin zu einer veganen Ernährung empfiehlt, um den schlimmsten Auswirkungen des Klimawandels entgegenzutreten.

Die Tierwirtschaft ist ein enormer Wasserschlucker und -verschmutzer. Futtermittel müssen bewässert, Tiere getränkt und Ställe gesäubert werden; auch die Weiterverarbeitung von Produkten verbraucht Wasser. Tierische Erzeugnisse haben einen weitaus größeren sogenannten Wasserfußabdruck als pflanzliche Lebensmittel: Während in einem Päckchen Kuhmilch 1.050 und in einem 150-g-Rindfleisch-Burger 2.350 Liter Wasser stecken, sind es bei der gleichen Menge Sojadrink 297 bzw. bei einem Sojaburger nur 158 Liter[3].

Unser Boden ist die Grundlage allen Lebens. Durch Überweidung, Verdichtung und Erosion sowie dem übermäßigen Einsatz von Dünger und Co. sind jedoch schon etwa 15-20 Prozent aller Böden weltweit nicht mehr voll funktionsfähig. In der Europäischen Union landen 60 Prozent des angebauten Getreides in den Trögen der Tierwirtschaft statt auf den Tellern der Verbraucher. Würde kein EU-Bürger tierische Produkte verzehren, ließen sich 70 Millionen Hektar Äcker und allein 9 Millionen Hektar Weizen einsparen[4].

TIERSCHUTZ

Beim Einkauf machen sich Menschen häufig kein Bild davon, wie das Leben der Tiere aussah, deren „Produkte" nun nett verpackt im Einkaufswagen liegen. Zu viele Verbraucher glauben dabei den idyllischen Bildern und Gütesiegeln und übersehen die Realität: Dunkle Ställe, drangvolle Enge, Verzweiflung, gegenseitiges Verletzen, Krankheiten, hoher Antibiotikaeinsatz und ein Tod oft noch im Kindesalter.

Fleisch, Milch oder Eier können niemals „artgerecht produziert" werden – PETA-Recherchen decken regelmäßig auf, dass sich hinter „Gütesiegeln" die gleichen Haltungs- und Tötungsbedingungen

verstecken wie hinter konventionellen Produkten. Jedes Jahr sterben alleine in deutschen Schlachthöfen knapp 800 Millionen Tiere. Dies funktioniert nur mit Schlachtung im Akkord – fast rund um die Uhr. Weit über 300.000 Rinder und bis zu 7,5 Millionen Schweine jährlich sind laut Bundesregierung nicht ausreichend betäubt, wenn sie an einem Bein aufgehängt werden und ihnen kopfüber die Kehle durchtrennt wird[5] – die Dunkelziffer liegt wahrscheinlich weitaus höher.

WARUM VEGAN?

Laut einer Studie sowie Schätzungen der Bundestierärztekammer zufolge sterben darüber hinaus jedes Jahr etwa 180.000 ungeborene Kälber im Mutterleib – sie ersticken langsam und qualvoll, während ihre Mütter am Schlachterhaken ausbluten[6,7]. Sogenannte Biotiere sterben meist in denselben Schlachtfabriken wie ihre Leidensgenossen aus der konventionellen Haltung – auch das Fleisch vom „Metzger nebenan" stammt oft aus solchen Schlachthöfen.

Tiere sind keine Nahrungsmittel oder Nahrungsmittellieferanten, sondern fühlende Individuen. Wer sich für eine vegane Ernährung entscheidet, kann pro Jahr etwa 50 Tieren das Leben retten.

GESUNDHEIT

Vorsorge ist besser als Nachsorge – beim Thema Gesundheit begreifen Wissenschaft, Politik und Verbraucher immer mehr, dass auch die Ernährung eine entscheidende Rolle bei der Prävention von Krankheiten spielt – insbesondere die vegane Ernährung.

Laut Schätzungen belaufen sich die jährlichen Kosten für ernährungsmitbedingte Erkrankungen in Deutschland auf ein Drittel aller Gesundheitskosten. Das sind fast 100 Milliarden Euro pro Jahr – nicht eingeschlossen die volkswirtschaftlichen Kosten durch mangelnde Leistungsfähigkeit und Fehltage[8]. Zahlreichen Studien zufolge haben Menschen, die sich rein pflanzlich ernähren, im Vergleich zur Durchschnittsbevölkerung ein deutlich geringeres Risiko für genau diese Erkrankungen wie Übergewicht, Herz-Kreislauf-Erkrankungen, Diabetes Typ 2 und manche Krebsarten[9].

Als mögliche Gründe stehen ein höherer Verzehr von Ballaststoffen, komplexen Kohlenhydraten, Obst, Gemüse, Hülsenfrüchten und Nüssen sowie eine geringere Aufnahme an gesättigten Fetten und verarbeiteten Fleisch- und Fischprodukten zur Debatte. Eine vegane Ernährung scheint in manchen Fällen wie Diabetes und Übergewicht auch begleitend zur Behandlung sinnvoll zu sein.

Vegan in allen Lebenslagen: Die Amerikanische Gesellschaft für Diätetik und Ernährung (A.N.D) sagt ganz klar, dass eine abwechslungsreiche rein pflanzliche Ernährung in jedem Alter, während der Schwangerschaft und Stillzeit sowie für Leistungssportler möglich ist. Rund 900.000 Veganer allein in Deutschland – Tendenz steigend – beweisen, dass das auch im Alltag stimmt.

Denn der Mensch braucht keine bestimmten Nahrungsmittel, sondern bestimmte Nährstoffe. Eine ausgewogene vegane Ernährung liefert dem Körper genau das – inklusive Proteinen, Eisen und Kalzium.

Quellen:

1 BMELV (2008): Bericht des BMELV für einen aktiven Klimaschutz der Agrar-, Forst- und Ernährungswirtschaft und zur Anpassung der Agrar- und Forstwirtschaft an den Klimawandel. Bundesministerium für Ernährung, Landwirtschaft und Verbraucherschutz.

2 United Nations Environment Programme (2010): Assessing the environmental impacts of consumption and production. Priority Products and Materials.

3 Ercin, A. E., Aldaya, M. M., Hoekstra, A. Y. (2011): The Water Footprint of Soy Milk and Soy Burgers and Equivalent Animal Products. Ecological Indicators, 18, S. 392-402.

4 Heinrich-Böll-Stiftung/IASS/BUND/Le Monde diplomatique (2015): Bodenatlas.

5 Deutscher Bundestag (2012): Antwort der Bundesregierung „Tierschutz bei der Tötung von Schlachttieren", Drucksache 17/10021 vom 15.06.2012.

6 Rhien, K. et al. (2011): Schlachtung gravider Rinder – Aspekte der Ethik und des gesundheitlichen Verbraucherschutzes. Tierärztliche Umschau, 66, S. 391-405.

7 Pfister, C. (2014): Schluss mit der Schlachtung trächtiger Rinder! Presseinformation der Bundestierärztekammer, Nr. 8/2014 vom 26.03.2014.

8 Bundesministerium für Ernährung und Landwirtschaft (2013): Prävention stärken und Fehlernährung verhindern. Pressemitteilung Nr. 36 vom 28.01.13, http://www.bmel.de/SharedDocs/Pressemitteilungen/2013/036-MUE-Praeventionstag.html?nn=312878 (zuletzt abgerufen am 30.07.2015).

9 Leitzmann, C., Keller, M. (2013): Vegetarische Ernährung (3. aktualisierte Auflage). Stuttgart: Ulmer.

Warum Vegan?

MARCUS KÜMMEL

Lange bevor der Begriff „Veganismus" zu einer breiten Bewegung wurde, beschäftigte sich Markus Kümmel bereits unbewusst mit dem Thema.

Schon in seiner Kindheit drehte sich alles um guten Geschmack und gesunde Ernährung. Nichts, was man essen konnte, war vor ihm sicher: Kräuter, Früchte, Pilze, Beeren – alles, was er in der Natur fand, probierte er, was seinen Sinn für Genuss und pflanzliche Vielfalt bereits in jungen Jahren prägte.

Gleichzeitig mit seinem Wissen reifte sein Herzenswunsch, Koch zu werden. So begann er 1997 eine Ausbildung in seiner Heimatstadt Berlin. Von seiner Leidenschaft getrieben, sammelte er in den folgenden Jahren reichlich internationale Erfahrung. Er tourte durch Australien, wirkte in Asien und war Küchenchef in einigen veganen Top-Restaurants in Deutschland.

Für ihn ist Essen im wahrsten Sinne Philosophie. Jede Zutat hat eine Wirkung, die es zu erkennen, zu schmecken und zu verstehen gilt. Als einer der Ersten setzte er dabei auf rein pflanzliche Ernährung aus regionalem und saisonalem Anbau. Gepaart mit seiner Kreativität und seinem Spieltrieb entstehen dabei Gerichte von höchster Raffinesse und einer Geschmacksvielfalt, die man getrost als vegane Haute Cuisine bezeichnen darf.

Wenn er nicht gerade in der Küche tüftelt, arbeitet er auch als Konzept- und Ideengeber in der veganen Szene, Foodstylist und Ghostwriter. Er gibt Seminare und Schulungen, um sein umfassendes Wissen über die Vorteile der veganen Ernährung in der Gastronomie, Hotellerie und Industrie zu verbreiten.

1. FRÜHSTÜCK

HONIGKUCHENTALER

Rezeptvorschlag von
Jan Ketel, Berlin

Zubereitungszeit: 40 Minuten
Personen: 4

ZUTATEN

200 g	Löwenzahnhonig oder heller Rübensirup
150 g	Birkenzucker oder Rohrzucker, braun
350 g	Buchweizenmehl
120 ml	Schlagfix Schlagcreme universell
30 g	Haselnusstopping
4 g	Backpulver
100 g	Nussbruch gemischt (Haselnüsse, Sonnen- blumenkerne, Kürbiskerne, Mandeln, Walnüsse)
200 g	dunkle Kuvertüre für die Garnitur

ZUBEREITUNG

Dieses Rezept ist ein schönes Grundrezept für jede Jahreszeit und jede Gelegenheit.

Im Frühling und Sommer kann man neben Nüssen auch noch Hafer und Trockenfrüchte verwenden und erhält einen tollen Müsliriegel. In der Herbstzeit können viele Nüsse eingebacken werden und man hat dann eine Art Nussecke. Im Winter, mit entsprechenden Gewürzen, wird ein schöner Honigkuchentaler daraus.

Dazu den Löwenzahnhonig mit dem Zucker zusammen auf 50° C erwärmen. Die universelle Schlagcreme mit dem Haselnusstopping vermischen und den Honig hinzugeben. Das Buchweizenmehl mit dem Backpulver unter die flüssige Honigmasse heben. Auf ein mit Backpapier ausgelegtes Backblech geben. Den Teig leicht verstreichen, den Nussbruch aufstreuen und leicht eindrücken.
Bei 160° C 20 - 25 Minuten backen.

Teig auskühlen lassen und die Kuvertüre schmelzen.

Die in Quadrate geschnittenen Honigkuchentaler nur mit der Unterseite in die Kuvertüre drücken und auf ein Backpapier ablegen. Wenn die Kuvertüre fest ist, können die Taler in einer luftdichten Dose aufbewahrt werden.
Die Taler sind so ca. zwei Wochen haltbar.

Beim Backen von Müsliriegeln ist ein Absetzen in Kuvertüre nicht notwendig. Dann empfehle ich die Backzeit auf 18 - 20 Minuten zu reduzieren.

HIRSECREME
MIT GEBACKENEN BANANEN & KIRSCHEN

Rezeptvorschlag von
Markus Hähle, Weimar

Zubereitungszeit: 30 Minuten
Personen: 6 - 8

ZUTATEN

350 g	Hirse
800 ml	Sojamilch, Vanille
500 ml	Schlagfix Schlagcreme gesüßt
100 ml	Weißwein, trocken
100 ml	Wasser
500 g	Kirschen, entkernt
30 g	Zucker
3 g	Iota
1	Vanilleschote
6-8	Bananen
2 EL	heller Rübensirup
1 Prise	Meersalz, fein
1 Prise	Pfeffer, schwarz

ZUBEREITUNG

Die Hirse mit der Sojamilch, dem Mark der Vanilleschote und der Schote kochen, bis eine cremige Konsistenz entsteht. Abkühlen lassen. Die Schlagfix gesüßte Schlagcreme aufschlagen, unter die Masse heben und kalt stellen.

Den Zucker in einer Kasserolle karamellisieren, mit dem Weißwein und dem Wasser aufgießen und sofort das Iota mit einem Schneebesen einrühren.

200 g Kirschen mit einer Prise Salz bei geringer Hitze fünf Minuten in der Kasserolle köcheln lassen. Den Inhalt der Kasserolle pürieren, durch ein Sieb streichen und mit dem Pfeffer nochmals aufkochen und kaltstellen.

Die Bananen halbieren und jeweils eine Hälfte in grobe Spalten schneiden. Die Bananenhälften und Stücke auf ein mit Backpapier ausgelegtes Backblech legen und mit hellem Rübensirup und weißem Zucker bedecken. Bei 180° C 15 Minuten backen.

Die Hirsecreme mit den restlichen Kirschen, der Kirsch-Pfeffer-Soße und den gebackenen Bananen garnieren.

FRUCHTIGE PANCAKES
MIT AMARANTH & CHIASAMEN

Rezeptvorschlag von
Kathrin Karl, München

Zubereitungszeit: 40 Minuten
Personen: 4

ZUTATEN

PANCAKES

190 g	Mehl, Typ 405
300 ml	Sojamilch
100 ml	Mineralwasser
20 ml	Apfelessig
8 g	Chiasamen
2 g	Natron
100 g	Erdbeeren
	Zitronensaft
1 Prise	Meersalz, fein
	Schlagfix Rapsöl mit Buttergeschmack

AMARANTH

2 TL	Amaranth, gepoppt
2 TL	Puderzucker

DEKORATION

	Schlagfix Sprühcreme
	Erdbeertopping

ZUBEREITUNG

PANCAKES

Alle Zutaten für die Pancakes in ein hohes Gefäß geben und mit einem Mixstab glatt pürieren.

Die Chiasamen zugeben und ca. 20 Minuten ziehen lassen. Das Natron zugeben und gut verrühren. Schlagfix Rapsöl in einer kleinen antihaftbeschichteten Pfanne auf mittlerer Stufe erhitzen.

Die Erdbeeren in dünne Streifen schneiden.
Den Teig langsam in die heiße Pfanne gießen, sodass ein etwa ein Zentimeter dicker, runder Pancake entsteht. Etwas stocken lassen, dann die Erdbeerestreifen vorsichtig in den Teig drücken.

So lange auf mittlerer Stufe backen, bis der Teig oben beginnt festzuwerden und auf der Unterseite eine leichte Bräunung eintritt. Pancake wenden und die andere Seite auch goldgelb backen.

AMARANTH

Amaranth mit Puderzucker karamellisieren lassen, am Ende Salz zugeben, auskühlen lassen und in kleine Stücke brechen.

DEKORATION

Pancake mit Amaranth, Schlagfix Sprühcreme und Erdbeertopping servieren.

GERSTONI – TIMBALE
MIT BEERENGRÜTZE

Rezeptvorschlag von
Carsten Geiß, Bad Oeynhausen

Zubereitungszeit: 30 Minuten
Personen: 8 - 10

ZUTATEN

GERSTONI – TIMBALE

200 g	Gerstoni-Gerste
800 ml	Schlagfix Schlagcreme gesüßt
100 g	Rohrzucker, braun
5 TL	Agar-Agar
	Vanille, gemahlen
	Mangoessig

BEERENGRÜTZE

1000 g	Waldbeerenmischung
500 ml	roter Fruchtsaft
2 TL	Agar-Agar
50 g	Rohrzucker, braun
1 Prise	Zimt, gemahlen

ZUBEREITUNG

GERSTONI – TIMBALE

Die Schlagfix gesüßte Schlagcreme aufkochen, die Gourmet-Gerste, den Zucker und das Agar-Agar dazugeben und noch einmal kurz aufkochen. Die Gerste etwa 15 Minuten quellen lassen, bis sie weich ist.

Mit der gemahlenen Vanille und dem Mangoessig abschmecken und in Timbaleformen abfüllen.

Im Kühlschrank durchkühlen lassen.

BEERENGRÜTZE

Fruchtsaft mit dem Agar-Agar und Zucker aufkochen und mit etwas Zimt abschmecken.

Die tiefgefrorene Beerenmischung unter die heiße Flüssigkeit geben und ziehen lassen.

BAYRISCHES SUSHI

Rezeptvorschlag von
Kathrin Karl, München

Zubereitungszeit: 40 Minuten + 3 Stunden
Personen: 3 - 4

ZUTATEN

SUSHI

130 g	Sushireis
260 ml	Wasser
3 g	Meersalz, fein
1 TL	Apfelessig
9 g	Ahornsirup
	Kohlrabi, Radieschen, Petersilie, Mangold, Walnüsse, Leinsamen

DIP

6 g	Meerrettich
20 ml	Schlagfix Schlagcreme universell
10 g	Schnittlauch
1 TL	Zitronensaft

ZUBEREITUNG

Den Reis waschen, bis das Wasser klar ist. In einem Topf mit geschlossenem Deckel in gesalzenem Wasser aufkochen. Ziehen lassen, bis die Flüssigkeit weg ist. Ausdampfen lassen.

Apfelessig und Ahornsirup leicht erwärmen und mit dem Reis vermengen. Zwei bis drei Stunden auskühlen lassen, bis der Reis Raumtemperatur hat.

Mit einem Melonenausstecher kleine Kugeln aus Kohlrabi und Radieschen stechen.

Reis in der Handfläche verteilen (kaltes Wasser für die Hände verwenden, damit der Reis nicht anklebt). Petersilie oder Mangold in die Mitte legen, Kohlrabi- bzw. Radieschenkugel drauflegen, mit Reis umschließen und Bällchen formen.

Die Walnüsse hacken, rösten und Reis-Kohlrabibällchen darin wenden. Die Reis-Radieschenbällchen in Leinsamen wenden.

Meerrettich fein reiben und mit den restlichen Zutaten zu einem Dip pürieren.

CHIA-PUDDING
MIT BIRNE & MANDEL

Rezeptvorschlag von
Marcus Kümmel, Berlin

Zubereitungszeit: 15 Minuten + 4 Stunden
Personen: 4 - 6

ZUTATEN

150 g	Chiasamen
125 ml	Schlagfix Schlagcreme gesüßt
125 ml	Schlagfix Schlagcreme universell
200 ml	Mandeljoghurt
100 ml	Birnensaft
1 g	Zimt, gemahlen
1 Prise	Meersalz, fein
1	Bio Limette, Abrieb
3	Tafelbirnen
30 g	Rohrzucker, braun
50 g	Mandeln, gehobelt
40 g	Schokolade, geraspelt

ZUBEREITUNG

Die Chiasamen mit der gesüßten und der universellen Schlagcreme, dem Joghurt, Birnensaft, Zimt, Salz und dem Limettenabrieb in eine Schüssel geben und gut verrühren.

In Gläser abfüllen und für vier Stunden quellen lassen. Die gehobelten Mandeln in einer Pfanne goldgelb rösten.

Die Tafelbirnen waschen und in Spalten schneiden, mit dem Rohrzucker süßen.

Mandeln, Birnenspalten und Schokolade auf den Chia-Pudding geben.

GOLDENER GRIEßBREI
MIT SAUERKIRSCHEN

Rezeptvorschlag von
Kathrin Karl, München

Zubereitungszeit: 25 Minuten
Personen: 2 - 3

ZUTATEN

GRIEßBREI

40 g	Grieß
250 ml	Haselnussmilch
100 ml	Schlagfix Schlagcreme gesüßt
1 TL	Kurkuma
1 TL	Zimt, gemahlen
1	Vanilleschote
1 Prise	Pfeffer, schwarz
1 Prise	Meersalz, fein

SAUERKIRSCHEN

170 ml	Sauerkirschsaft
9 g	Speisestärke
15 g	Zucker
200 g	Sauerkirschen
	Schlagfix Sprühcreme

ZUBEREITUNG

GRIEßBREI

Alle Zutaten für den Grießbrei in einem Topf einwiegen, mit dem Schneebesen glatt rühren und zwei Minuten köcheln lassen. Weitere fünf Minuten ziehen lassen.

SAUERKIRSCHEN

Speisestärke mit drei Esslöffel Sauerkirschsaft glatt rühren. Den restlichen Sauerkirschsaft mit Zucker aufkochen und Stärkemischung einrühren.

Drei bis fünf Minuten köcheln lassen. Sauerkirschen zugeben.

Grießbrei mit eingekochten Sauerkirschen und Sprühcreme servieren.

CHUBBY VEGAN
NATHALIA SOARES

In ihrem Pass steht Nathalia Soares, aber ganz Brasilien kennt sie nur unter dem Namen Chubby Vegan. Bereits im zarten Alter von 14 Jahren war ihr klar, dass sie ihr Leben ganz dem Thema gesunde Ernährung widmen will.

Neben Abschlüssen, unter anderem beim S.E.N.A.C und dem renommierten Gastronomie-College „Anhembi Morumbi", spezialisierte sie sich in den Bereichen Kuchendesign, vegane Snacks und als Chocolatière. Nach Abschluss ihrer Ausbildung begann sie eigene Rezepte, Würzmischungen und vegane Konzepte zu kreieren.

Bereits mit 16 Jahren wurde Nathalia Veganerin. Der Verzicht auf tierische Produkte war dabei kein großes Problem für sie. Vielmehr beschäftigte sie sich immer wieder mit der Frage: „Wie kann ich dieses Rezept am besten auf rein pflanzliche Zutaten anpassen?"

Schon damals begann sie zu studieren, welche Zutaten sich besonders gut für den Ersatz tierischer Produkte eignen, ohne dass der eigentliche Geschmack leidet. Als sie neue Zutaten und Rezepte kennen lernte, merkte sie, wie einfach es eigentlich ist, geschmackvolle Speisen ohne tierische Lebensmittel herzustellen.

Um ihre Rezepte und Erfahrungen mit den Menschen zu teilen, die sich ebenfalls für vegane Ernährung interessieren, ging sie mit einer eigenen Website an die Öffentlichkeit. Dieses Projekt entwickelte sich so gut, dass sie es bis zum heutigen Tag weiterverfolgt. Heute arbeitet sie vor allem als selbstständige vegane Köchin auf Veranstaltungen und gibt Kurse in und um São Paulo.

APFEL-PANCAKES
MIT NUSS-NOUGAT CREME

Rezeptvorschlag von
Marcus Kümmel, Berlin

Zubereitungszeit: 25 Minuten
Personen: 8 - 10

ZUTATEN

250 g	Dinkelmehl, Typ 630
220 ml	Apfelsaft, naturtrüb
125 ml	Schlagfix Schlagcreme gesüßt
125 ml	Schlagfix Schlagcreme universell
1	Apfel
1 Prise	Meersalz, fein
20 ml	Schlagfix Rapsöl mit Buttergeschmack
250 g	Schlagfix Nuss-Nougat Creme als Füllung

ZUBEREITUNG

Den Apfel waschen und mit einer Küchenreibe fein reiben. Alle Zutaten mischen und zehn Minuten ruhen lassen.

Den Teig in einer Pfanne mit dem Schlagfix Rapsöl gold-gelb backen, im noch warmen Zustand mit der Schlagfix Nuss-Nougat Creme bestreichen und aufschichten.

„DER SCHÖNSTE TISCH IST OHNE ESSEN NUR EIN KAHLES BRETT."

AUS KASACHSTAN

PALMHERZKUCHEN
MIT PATÊ BRISÉE

Rezeptvorschlag von
Chubby Vegan, São Paulo

Zubereitungszeit: 40 Minuten + 24 Stunden
Personen: 3 - 4

ZUTATEN

TEIG

90 g	Schlagfix Mayonnaise
330 g	Mehl Typ 405
75 ml	Olivenöl
1 TL	Meersalz, fein
	kaltes Wasser, falls nötig
1 EL	Ketchup
1 EL	Wasser

FÜLLUNG

30 g	Schlagfix Mayonnaise
200 g	Palmherzen
1	kleine Zwiebel
1	Lorbeerblatt
1	Tomate, mittelgroß
1	Karotte, klein
2 EL	Olivenöl
1 Prise	Meersalz, fein
1 Prise	Pfeffer, schwarz

ZUBEREITUNG

TEIG

Dem Mehl Salz, Olivenöl und die Schlagfix Mayonnaise hinzugeben. Alles mixen, bis ein glatter Teig entsteht. Falls der Teig noch zu trocken erscheint, einen Löffel kaltes Wasser hinzugeben und mischen. Aus dem Teig eine Kugel formen und diese für 24 Stunden im Kühlschrank lagern.

FÜLLUNG

Die Zwiebel und die Tomate würfeln, die Karotte raspeln. Das Öl in einer Pfanne erhitzen und darin die Zwiebel anbraten. Die Tomate und das Lorbeerblatt hinzugeben. Kochen, bis alles weich ist. Karotte, Palmherzen und Mayonnaise hinzufügen und gut vermischen. Salz, Pfeffer und Petersilie nach Geschmack hinzugeben.

ZUSAMMENFÜGEN

Backofen auf 200° C vorheizen. Teig halbieren. Ein Backblech mit einem Teil des Teigs bedecken und die Füllung darauf verteilen. Mit der zweiten Hälfte des Teigs bedecken. In der Mitte ein kleines Loch lassen, damit Luft entweichen kann. Ketchup und Wasser verrühren und auf den Kuchen pinseln.

Den Kuchen für 30 – 40 Minuten im Ofen backen.
Sofort servieren!

KATHRIN KARL

Kathrin Karl hat an der TU München Biochemie studiert. Nach der anschließenden Promotion im Bereich der Neurowissenschaften, entschied sie sich schlussendlich gegen den klassischen Karriereweg. Entscheidend war und ist für Kathrin, dass sie in ihrem Beruf einen Sinn sieht und er mit ihren Idealen vereinbar ist. So ist sie 2014 neben Thomas Leidner als zweite Inhaberin des Café Katzentempel in München eingestiegen.

Dort kann Kathrin ihrer Leidenschaft - dem veganen Kochen und Backen - nachgehen und gleichzeitig ihren Gästen die vegane Lebensweise über Genuss näher bringen. Natürlich helfen hierbei auch die Katzen, die alle aus dem Tierschutz stammen und nun im Katzentempel leben.

Langfristig wollen Kathrin und Thomas ihr Konzept und die damit verbundene Philosophie deutschlandweit etablieren. Beide stehen mit vollem Herzen hinter dem Katzentempel-Konzept und wollen ihren Gästen den bewussten Umgang mit Tieren und Ernährung näher bringen.

Für Kathrin sind die verwendeten milchfreien Schlagfix-Produkte eine willkommene Alternative, um Rezepte zu „veganisieren". Dank der unkomplizierten Verarbeitungsmöglichkeiten und guten Kocheigenschaften lassen sich so Sahneträume auch in der veganen Küche verwirklichen.

2. FRÜHSTÜCK

HAFER-KOKOS KONFEKT
MIT EINEM BUNTEN OBSTSALAT

Rezeptvorschlag von
Carsten Geiß, Bad Oeynhausen

Zubereitungszeit: 25 Minuten
Menge: 25 Stück

ZUTATEN

HAFER-KOKOS-KONFEKT

80 ml	Schlagfix Schlagcreme gesüßt	
80 g	Sojajoghurt	
80 g	Haferflocken, fein	
80 g	Kokosflocken	
2 EL	Rohrzucker, braun	

DEKORATION

20 g	Kokosflocken, geröstet

OBSTSALAT

300 g	saisonale Früchte für den Obstsalat
1 Spritzer	Mangoessig
1 Prise	Masala-Aphrodite Gewürzmischung
1 TL	Rohrzucker, braun

ZUBEREITUNG

HAFER-KOKOS-KONFEKT

Die Schlagfix gesüßte Schlagcreme steif schlagen. Alle Zutaten mit der Schlagcreme vermischen. 15 Minuten ziehen lassen.

DEKORATION

Anschließend kleine Kugeln formen und in gerösteten Kokosflocken wälzen.

OBSTSALAT

Mit saisonalen Früchten einen Obstsalat herstellen und mit dem Mangoessig, der Gewürzmischung und dem Zucker abschmecken.

„SOLANG ICH NÜCHTERN, BIN ICH TRÄG UND DUMM, DOCH NACH DEM FRÜHSTÜCK SCHON KOMMT WITZ UND KLUGHEIT."

FRANZ GRILLPARZER

ZUCCHINI-MELONENSALAT

Rezeptvorschlag von
Carsten Kuschel, Delitzsch

Zubereitungszeit: 25 Minuten
Personen: 8 - 10

ZUTATEN

1	Limette
2 EL	Olivenöl
150 g	Sojajoghurt
50 ml	Schlagfix Schlagcreme universell
½ Bund	Kerbel
½ Bund	Petersilie
½ Bund	Schnittlauch
200 g	Zucchini, grün
100 g	Zucchini, gelb
½	Cantaloupemelone
6	Erdbeeren
1 Prise	Fleur de Sel
1 Prise	Pfeffer, schwarz
	Mangoldsalatblätter (jung)

ZUBEREITUNG

Den Saft der Limette auspressen. Olivenöl, Schlagfix universelle Schlagcreme, Joghurt, Limettensaft, Kerbel, Petersilie und Schnittlauch mischen, mit Salz und Pfeffer abschmecken.

Grüne Zucchini und Melone in Würfel schneiden, mit der Sauce mischen und etwas ziehen lassen. In Gläser verteilen.

Gelbe Zucchini fein hobeln und die Erdbeeren putzen.

Den Zucchinisalat in Gläser füllen und mit der gelben Zucchini, Erdbeeren, Kerbel und Mangold dekorieren.

„WAGE ES, WEISE ZU SEIN! HÖRE AUF, TIERE ZU TÖTEN! WER DIE STUNDE DES RECHTEN LEBENS HINAUSSCHIEBT, GLEICHT NUR DEM BAUERN, DER DARAUF WARTET, DASS DER FLUSS VERSIEGT, EHE ER IHN ÜBERQUERT."

VICTOR HUGO

QUINOA-ERDBEER-POPP

Rezeptvorschlag von
Markus Hähle, Weimar

Zubereitungszeit: 20 Minuten
Personen: 3 - 4

ZUTATEN

500 g	Sojajoghurt
400 ml	Schlagfix Schlagcreme gesüßt
100 ml	Kokosmilch
65 g	Quinoa, gepoppt
400 g	frische Erdbeeren
30 g	Kokosflocken
	Minze
	Erdbeertopping

ZUBEREITUNG

Die Kokosflocken in einer Pfanne rösten und zum Abkühlen zur Seite stellen.

Joghurt, Schlagfix gesüßte Schlagcreme, Kokosmilch und Quinoa in einer Schüssel vermengen.

Gläser zu einem Drittel mit der Creme füllen. Je Glas einen Esslöffel Erdbeertopping und 60 g Erdbeeren auf die Creme geben. Anschließend die Gläser mit der restlichen Creme füllen.

Die obere Schicht der Masse mit den gerösteten Kokosflocken bestreuen und mit Erdbeeren und Minze garnieren.

„ALLES, WAS DER MENSCH DEN TIEREN ANTUT,
KOMMT AUF DEN MENSCHEN WIEDER ZURÜCK."

PYTHAGORAS

„THUNFISCH" SANDWICH

Rezeptvorschlag von
Marcus Kümmel, Berlin

Zubereitungszeit: 20 Minuten
Personen: 4

ZUTATEN

400 g	Karotten
160 g	Schlagfix Mayonnaise
2 Blätter	Norialgen
½	Bio Zitrone
1 Prise	Paprika, edelsüß
1 Prise	Pfeffer, weiß
1 Prise	Meersalz, fein
1 Prise	Kala Namak
	Schwefelsalz
12	Sandwichtoast, Scheiben
1	Salatgurke
1	Zwiebel, rot

ZUBEREITUNG

Die Karotten entsaften und den Trester in eine Schüssel geben.

Die Norialgenblätter fein zerbröseln und mit der Mayonnaise ebenfalls in die Schüssel geben.

Mit Zitronenzeste, Saft und den Gewürzen abschmecken.

Die Gurke und Zwiebel in feine Scheiben schneiden.

Den „Thunfischsalat" auf sechs Toastscheiben verteilen, mit Gurken- und Zwiebelscheiben belegen und mit je einer weiteren Toastscheibe abdecken.

„SO LEBE ICH FLEISCHLOS, FETTLOS, FISCHLOS DAHIN, FÜHLE MICH ABER GANZ WOHL DABEI. FAST SCHEINT MIR, DASS DER MENSCH NICHT ALS RAUBTIER GEBOREN IST."

ALBERT EINSTEIN

OLIVEN SCONES

Rezeptvorschlag von
Marcus Kümmel, Berlin

Zubereitungszeit: 25 Minuten
Personen: 8 -10

ZUTATEN

250 g	Mehl, Typ 405
2 TL	Backpulver
150 ml	Schlagfix Schlagcreme universell
30 ml	Schlagfix Schlagcreme gesüßt
35 g	Oliven, schwarz & entkernt
35 g	Oliven, grün & entkernt
35 g	Zwiebeln, rot
1 Zweig	Thymian
1 Prise	Pfeffer, schwarz
1 Prise	Meersalz, fein

ZUBEREITUNG

Den Backofen auf 200° C vorheizen.

Mehl und Backpulver in eine Schüssel sieben. Eine Prise Salz und Pfeffer hinzugeben. Die Schlagfix Schlagcremes mit dem Mehl vermischen. Oliven hacken, Thymian zupfen und hacken, Zwiebeln schälen und in feine Würfel schneiden.

Alle Zutaten zu einem Teig verkneten. Der Teig sollte glatt und fest sein. 10 Minuten im Kühlschrank ruhen lassen.

Den Teig auf einer bemehlten Arbeitsfläche etwa zwei Zentimeter dick ausrollen. Mit einem Glas (Ø 5-8 Zentimeter) Kreise ausstechen. Diese auf ein gefettetes Backblech legen und fünf Minuten ruhen lassen.

Dann ca. 10 -12 Minuten goldgelb backen. Die Kreise sollten ihr Volumen etwa verdoppeln.

Auf einem Küchenrost abkühlen lassen.

„ARBEITE NIE VOR DEM FRÜHSTÜCK;
MUSST DU VOR DEM FRÜHSTÜCK ARBEITEN,
ISS ERST DEIN FRÜHSTÜCK."

JOSH BILLINGS

COXINHA

Rezeptvorschlag von
Chubby Vegan, São Paulo

Zubereitungszeit: 40 Minuten
Personen: 7 - 8

ZUTATEN

TEIG

500 ml	Wasser
50 ml	Schlagfix Schlagcreme universell
200 g	Mehl, Typ 405
1 Tasse	Paniermehl
7 g	Meersalz, fein
	frische Kräuter

FÜLLUNG

30 ml	Olivenöl
200 g	Brokkoli
2 Zehen	Knoblauch
1 Prise	Meersalz, fein

ZUBEREITUNG

TEIG

Das Wasser mit der Schlagfix universellen Schlagcreme, dem Salz und den frischen Kräutern mischen und kochen. Anschließend die Hitze verringern und das Weizenmehl auf einmal unter ständigem Rühren hinzugeben. Danach abkühlen lassen.

FÜLLUNG

Den Brokkoli gut waschen und in kleine Stücke schneiden. Das Olivenöl erhitzen und darin den Knoblauch kurz anbraten. Den Brokkoli dazugeben und kurz dünsten. Von der Kochstelle nehmen, nach Bedarf mit Salz würzen und abkühlen lassen.

ZUSAMMENFÜGEN

Den Teig gut durchkneten. Kleine Bälle formen und diese mit dem Brokkoli und dem Knoblauch füllen. Formen sie die Coxinhas birnenförmig. Die Coxinhas mit den Paniermehl bestreuen und in heißem Öl frittieren.

Sofort nach dem Frittieren servieren!

„TATSACHEN SCHAFFT MAN NICHT DADURCH AUS DER WELT, DASS MAN SIE IGNORIERT."

ALDOUS HUXLEY

HÜTTENKÄSE
MIT RADIESCHEN & GEPOPPTEM SAATGUT

Rezeptvorschlag von
Marcus Kümmel, Berlin

Zubereitungszeit: 25 Minuten
Personen: 8 - 10

ZUTATEN

HÜTTENKÄSE

450 ml	Schlagfix Schlagcreme universell
100 ml	Mandeljoghurt
50 ml	Schlagfix Schlagcreme gesüßt
2 g	Meersalz
4 g	Agar-Agar
½	Zitrone
1 Prise	Zucker

BIERREDUKTION

100 ml	Bier (Pils)
150 ml	Apfelsaft, naturtrüb

GARNITUR

1 Schale	Wildkräutersalat
1 Bund	Radieschen, gewaschen & halbiert
30 g	Buchweizen, gepoppt
30 g	Amaranth, gepoppt
30 g	Quinoa, gepoppt
1 Prise	Pfeffer, geschrotet

ZUBEREITUNG

HÜTTENKÄSE

Die Schlagfix Schlagcremes und den Mandeljoghurt in einen Topf geben und langsam erhitzen. Wenn die Masse kocht, das Agar-Agar hinzugeben und mit einem Schneebesen gut verrühren. Das Ganze ca. zwei Minuten leicht köcheln lassen.

Die Zitrone pressen und den Saft ebenfalls hinzugeben. Mit Salz abschmecken. Die noch flüssige Masse durch ein Küchensieb in ein gekühltes Behältnis geben und abgedeckt für ca. zwei Stunden kalt stellen. Wenn die Masse ausgekühlt ist, mit einem Schneebesen leicht verquirlen, bis die Hüttenkäse-Struktur erreicht ist.

BIERREDUKTION

Bier und Apfelsaft in einen Topf geben, bei mittlerer Hitze reduzieren, bis es leichte Blasen schlägt, vom Herd nehmen und auskühlen lassen.

GARNITUR

Den Hüttenkäse auf Brot mit Radiesschen, Salat, gepopptem Saatgut und der Bierreduktion anrichten.

EIERSALAT MIT
ZWEIERLEI SENF & ZWEIERLEI ZWIEBELN

Rezeptvorschlag von
Tom Franz, Tel Aviv

Zubereitungszeit: 40 Minuten
Personen: 3 - 4

ZUTATEN

6 EL	Schlagfix Mayonnaise
1 EL	Dijon-Senf, mittelscharf
1 EL	Dijon-Senf, ganze Körner
½ TL	Zucker
1	Zwiebel, rot & fein gehackt
1 Bund	Schnittlauch, in Röllchen geschnitten
150 g	Nudeln, Spirelli
40 g	Kichererbsen, Dose
1 TL	Kala Namak Schwefelsalz
1 Prise	Meersalz, fein
1 Prise	Pfeffer, schwarz

ZUBEREITUNG

Die Schlagfix Mayonnaise, die Senfsorten und den Zucker in eine Anrichteschüssel geben und mit 3 EL Wasser vermengen.

Die Zwiebel und den Schnittlauch dazugeben, dabei einen Esslöffel Schnittlauch für das spätere Garnieren unter einem feuchten Küchenpapier beiseite stellen.

Die Nudeln ganz weich kochen und zerkleinern. Die Kichererbsen pürieren und alles in die Schüssel mit den anderen Zutaten geben. Mit Salz und Pfeffer würzen. Vorsichtig mit dem Kala Namak salzen und abschmecken.

Durch das schwefelhaltige Kala Namak bekommt das Gericht den Eigeschmack. Bei Bedarf noch etwas Wasser dazugeben.

Mit dem beiseite gestellten Schnittlauch bestreuen und servieren.

„NUR DIE GANZ STUMPFSINNIGEN SIND SCHON BEIM FRÜHSTÜCK GEISTREICH."

OSCAR WILDE

TOM FRANZ

Kochen hat für Tom Franz in erster Linie etwas mit Freude und der puren Lust am Leben zu tun. Speisen sind für ihn »Nahrung für die Seele«. Dabei entpuppt sich seine Wahlheimat Israel, die zu 65 Prozent aus Wüste und dem Toten Meer besteht, als wundersamer Garten Eden - mit Gemüse und Obst von nahezu legendärem Ruf. Ein Schlaraffenland!

Mediterrane Zutaten, traditionell jüdische Küche, arabische Gewürze, moderne koschere Rezepte: Diese unterschiedlichen Elemente verbinden sich in der israelischen Küche zu spannenden Kombinationen. Das Land ist heute ein kulinarischer Schmelztiegel. Immigranten aus ganz Europa, Russland und den USA, dem Fernen und Mittleren Osten haben es geprägt.

Als Gewinner der populärsten israelischen Kochshow ist der in Tel Aviv lebende Deutsche eine beliebte und bekannte Persönlichkeit. Kulinarisch hat Tom Franz es sich dabei zur Aufgabe gemacht, deutsche Gerichte mit der mediterranen Küche Israels zu verbinden. Er gilt als kulinarischer Botschafter zwischen Deutschland und Israel, kocht für exklusive Events, hält Vorträge, macht Workshops und ist TV Moderator - in beiden Ländern.

Da die koscher zertifizierten Produkte von Schlagfix bereits seit vielen Jahren auch in Israel sehr beliebt sind, war es nur logisch, Tom Franz für unser Buch zu gewinnen. Die hier verwendeten Rezepte stammen ursprünglich aus seinem Buch „So schmeckt Israel" (erschienen im AT Verlag) und wurden für dieses Werk entsprechend „veganisiert".

MITTAGESSEN

KNOLLEN-RAHMGULASCH

Rezeptvorschlag von
Kathrin Karl, München

Zubereitungszeit: 15 Minuten + 1 Stunde
Personen: 3 - 4

ZUTATEN

30 ml	Schlagfix Rapsöl mit Buttergeschmack
150 g	Zwiebeln, rot
1 Zehe	Knoblauch
200 g	Knollensellerie
150 g	Karotten
150 g	Radieschen
1	Paprika
250 ml	Rotwein, trocken
25 g	Tomatenmark
1 EL	Senf
2 TL	Fleur de Sel
2 TL	Rauchsalz
2 EL	Gemüsebrühe
2 TL	Paprika, edelsüß
je 1 TL	Majoran, Kümmel
200 ml	Wasser
2	Lorbeerblätter
1	Bio Zitrone, Abrieb
250 ml	Schlagfix Schlagcreme universell
25 g	Petersilie, frisch
	Pfefferkörner, rosa
	Petersilie, frisch
	Pfeffer, schwarz

ZUBEREITUNG

Die Zwiebeln in feine Viertelringe schneiden und in Schlagfix Rapsöl gemächlich dünsten.

Sellerie schälen und zusammen mit den gewaschenen Karotten in grobe Würfel schneiden, Radieschengrün abschneiden, aber ein kleines Ende übrig lassen.

Radieschen halbieren, Paprika schälen und in breite Streifen schneiden. Alles in den Topf geben und die Hitze erhöhen. Mit einem Drittel des Rotweins ablöschen und einköcheln lassen.

Tomatenmark zugeben, ansetzen lassen und mit einem weiteren Drittel des Rotweins ablöschen. Unter ständigem Rühren einreduzieren und ansetzen lassen. Vorgang wiederholen.

Gewürze zugeben, kurz dünsten und mit Wasser ablöschen. Lorbeerblätter und Zitronenabrieb zugeben. Etwa 15 Minuten leicht köcheln lassen.

Petersilie fein hacken, zusammen mit Schlagfix universeller Schlagcreme in den Topf geben und verrühren.

Nach Belieben mit Nudeln, Kartoffeln oder auch Klößen servieren und mit Pfefferkörnern und frischer Petersilie garnieren.

ERDNUSSCURRY
MIT GEMÜSE

Rezeptvorschlag von
Marcus Kümmel, Berlin

Zubereitungszeit: 70 Minuten
Personen: 8 - 10

ZUTATEN

20 ml	Schlagfix Rapsöl mit Buttergeschmack
200 g	Blumenkohl
200 g	Porree
200 g	Karotten
200 g	Erbsen, grün
2	Äpfel
1	Zwiebel
1 Zehe	Knoblauch
20 g	Ingwer, frisch
1	Chilischote
2 TL	Currypulver
500 ml	Schlagfix Schlagcreme universell
1	Limette
150 g	Erdnussbutter
1 Prise	Zucker
1 Prise	Meersalz, fein
50 g	Erdnüsse, gesalzen

CHILISCHOTEN VARIIEREN JE NACH SORTE STARK IM SCHÄRFE-GRAD

ZUBEREITUNG

Das Gemüse und die Äpfel putzen und in grobe Würfel schneiden.

Alles zusammen mit dem Schlagfix Rapsöl anschwitzen.

Mit dem Currypulver abstäuben und Schlagfix universeller Schlagcreme auffüllen. Mit der Erdnussbutter, dem Saft der Limette und etwas Salz und Zucker verfeinern.

Mit gerösteten, gesalzenen Erdnüssen garnieren.

ZUTATEN KNÖPFLE

1200 g	Knöpfle
2 Bund	Petersilie
60 ml	Schlagfix Rapsöl mit Buttergeschmack
1 Prise	Meersalz, fein
1 Prise	Muskatnuss, gemahlen

ZUBEREITUNG KNÖPFLE

Die „Vantastic Foods Knöpfle" kurz in kochendem Wasser brühen und dann abgießen. Petersilie waschen, zupfen und fein hacken.

Das Schlagfix Rapsöl in einer Pfanne erhitzen und die Knöpfle hinzugeben, mit Salz, Muskatnuss und Petersilie würzen.

RAHMSCHMORBRATEN MIT
WURZELGEMÜSE & PETERSILIEN-KNÖPFLE

Rezeptvorschlag von	Zubereitungszeit:	15 Minuten + 1 Stunde
Marcus Kümmel, Berlin	Personen:	3 - 4

ZUTATEN

BRATEN

1000 g	Veggie Braten Deluxe
80 ml	Schlagfix Rapsöl mit Buttergeschmack
1	Karotte, grobe Würfel
1	Zwiebel, grobe Würfel
80 g	Sellerie, grobe Würfel
80 g	Lauch, große Scheiben
50 g	Tomatenmark
200 ml	Rotwein, trocken
600 ml	Gemüsebrühe
½ Bund	Thymian
1	Sternanis
3	Lorbeerblätter
150 ml	Schlagfix Schlagcreme universell
10	Pfefferkörner, schwarz
1 Prise	Meersalz, fein
½ TL	Rohrzucker, braun

ZUBEREITUNG

BRATEN

Das Gemüse mit dem Schlagfix Rapsöl in einem großen Topf anschmoren, bis es eine goldgelbe Farbe hat. Das Tomatenmark hinzugeben und anrösten. Nach und nach mit dem Rotwein ablöschen. Nachdem alles schön braun glänzt, mit der Gemüsebrühe auffüllen. Den „Vantastic Foods Veggie Braten Deluxe" von allen Seiten in einer Pfanne golden anbraten und mit zum Schmorgemüse geben. Die Gewürze in ein Gewürzei füllen und mit dem Thymian ebenfalls zum Braten geben.

Eine Stunde leicht köcheln lassen. Den Braten und das Gewürzei entnehmen. Die Schlagfix universelle Schlagcreme zum Bratenfond geben, mit Salz und Zucker abschmecken.

WÜRZIGER
KARTOFFEL-SPITZKOHL
AUFLAUF

Rezeptvorschlag von
Marcus Kümmel, Berlin

Zubereitungszeit: 70 Minuten
Personen: 4 - 6

ZUTATEN

800 g	Spitzkohl
800 g	Kartoffeln
200 g	Tomaten, frisch
200 g	Zwiebeln
1 Zehe	Knoblauch
10 ml	Schlagfix Rapsöl mit Buttergeschmack
350 ml	Schlagfix Schlagcreme universell
150 ml	Sojajoghurt, natur
2	Lorbeerblätter
1 Prise	Piment, gemahlen
1 Prise	Kümmel, gemahlen
1 Prise	Muskatnuss, gemahlen
1 Prise	Pfeffer, schwarz
1 Prise	Zucker
1 Prise	Meersalz, fein
40 g	Kichererbsenmehl
20 g	Speisestärke

ZUBEREITUNG

Den Backofen auf 200° C vorheizen. Das Gemüse waschen, schälen und in etwa gleich große, grobe Würfel schneiden. Alles in eine Auflaufform geben, mit Salz und Zucker würzen und leicht ankneten. Das Schlagfix Rapsöl hinzugeben und abermals durchmengen.

Die Auflaufform für 35 Minuten in den vorgeheizten Ofen geben.

Schlagfix universelle Schlagcreme und Joghurt mit den Gewürzen in eine Schüssel füllen und gut durchrühren. Speisestärke und Kichererbsenmehl hinzugeben und durchrühren.

Nach 35 Minuten die Auflaufform aus dem Ofen nehmen und durchmengen. Die Joghurt-Schlagcrememasse darauf verteilen und für weitere 30 Minuten bei 170° C im Ofen fertig backen.

„SIE SOLLEN SICH LIEBER AN DEN GESUNDEN KOHL UND AN GETREIDEBREI HALTEN, ALS AN FASANE UND PERLHÜHNER."

PLINIUS DER ÄLTERE

Mittagessen

„KASSLER"
AN SAUERKRAUT-KARTOFFELRAGOUT

Rezeptvorschlag von
Marcus Kümmel, Berlin

Zubereitungszeit: 60 Minuten
Personen: 3 - 4

ZUTATEN

KASSLER

520 g	veggyness veganes Kassler
2	Zwiebeln, in Streifen
5	Pimentkörner
4	Lorbeerblätter
100 ml	Wasser
1 Prise	Meersalz, fein

KARTOFFELRAGOUT

30 ml	Schlagfix Rapsöl mit Buttergeschmack
2	Zwiebeln, in Streifen
400 g	Kartoffeln, festkochend
150 ml	Schlagfix Schlagcreme universell
300 g	Sauerkraut
1 Msp.	Kümmel, ganz
1 Prise	Rohrzucker, braun
1 Prise	Muskatnuss, gemahlen
1 Prise	Meersalz, fein

ZUBEREITUNG

KASSLER

Das Wasser mit den Gewürzen und den Zwiebeln in einen Topf geben, die „veggyness Kassler-Scheiben" mit hineingeben. Abgedeckt ca. 25 Minuten leicht köcheln.

KARTOFFELRAGOUT

Das Schlagfix Rapsöl mit den Zwiebeln in einen Topf füllen und goldgelb dünsten.

Die Kartoffeln würfeln und mit dem Kümmel zu den goldgelben Zwiebeln geben. Kurz mit andünsten und mit Schlagfix universeller Schlagcreme aufgießen, abgedeckt gar köcheln lassen.

Das Sauerkraut hinzugeben, abermals zum Kochen bringen und mit Salz, Zucker und gemahlener Muskatnuss würzen.

Mit dem Kassler servieren.

„ICH PERSÖNLICH VERZICHTE SEIT 35 JAHREN AUF FLEISCH UND DIE TEILNAHME AN GRIPPEWELLEN."

RUEDIGER DAHLKE

FENCHEL-LINSEN-CURRY
MIT PELLKARTOFFELN

Rezeptvorschlag von
Andreas „Bär" Läsker, Stuttgart

Zubereitungszeit: 35 Minuten
Personen: 3 - 4

ZUTATEN

1000 g	Kartoffeln
2	Fenchelknollen, in Würfel geschnitten
2	Zwiebeln, klein gehackt
2 Zehen	Knoblauch, gehackt oder gepresst
250 ml	Gemüsebrühe
400 ml	Schlagfix Schlagcreme universell
250 g	gelbe Linsen
2 EL	Senf
4 EL	Koriander, getrocknet
1 - 2 TL	Cayennepfeffer
1 EL	Curry, gelb
1 EL	Himalayasalz
2 EL	Hefe-Würzflocken
	Olivenöl zum Braten

ZUBEREITUNG

Kartoffeln in ausreichend Wasser, je nach Größe, ca. 35 Minuten kochen.

Fenchel, Zwiebeln und Knoblauch in reichlich Olivenöl scharf anbraten, bis eine goldene bis teilweise schmorbraune Farbe entsteht. Mit Gemüsebrühe ablöschen und kurz aufkochen lassen.

Senf unterrühren, den Koriander einstreuen und verrühren. Dann die Schlagfix universelle Schlagcreme dazugeben, erneut kurz aufkochen lassen, die Hitze reduzieren und die restlichen Gewürze sowie die Hefeflocken einstreuen.

Die Hitze auf ein Minimum reduzieren, die Linsen dazugeben und ziehen lassen, bis diese bissfest gequollen sind. Gegebenenfalls etwas heißes Wasser nachfüllen, die Hitze noch weiter reduzieren und länger ziehen lassen, falls keine cremige Konsistenz entsteht.

Mit heißen Pellkartoffeln servieren und mit etwas Koriander garnieren.

ZUTATEN FIVE-SPICE-ESPUMA

200 ml	Schlagfix Schlagcreme universell
10 ml	Schlagfix Rapsöl mit Buttergeschmack
1 Prise	Zimt, gemahlen
1 Prise	Pfeffer, schwarz
1 Prise	Anis, gemahlen
1 Prise	Koriander, gemahlen
1 Prise	Nelken, gemahlen
1 TL	Kokosblütenzucker
1 Prise	Meersalz, fein

ZUBEREITUNG

Alle Gewürze miteinander vermischen und zusammen mit 200 ml Schlagfix universeller Schlagcreme in einen Sahnespender geben. Unter Verwendung von zwei Druckluftpatronen einen feinen Schaum herstellen.

ASIA-GEMÜSEPFANNE

Rezeptvorschlag von
Frank Knöchel, Ilmenau

Zubereitungszeit: 20 Minuten
Personen: 2 - 3

ZUTATEN

SAUCE

1	Bio Orange, Abrieb & Filet
1 Prise	Meersalz, fein
10 g	Ingwerwurzel
30 g	Tomatenmark
150 ml	Orangensaft

GEMÜSE

200 g	Paprika, rot
200 g	Thaispargel
200 g	Staudensellerie
200 g	Zucchini
200 g	Champignons oder andere Pilze
200 g	Fenchel
100 g	Zwiebel, rot
100 g	Frühlingslauch
1 Zehe	Knoblauch
50 ml	Schlagfix Rapsöl mit Buttergeschmack
1 TL	Meersalz, fein
1 EL	Kokosblütenzucker

ZUBEREITUNG

Den Ingwer fein hacken, zusammen mit dem Tomatenmark, Salz, Orangensaft und dem Abrieb in einen Topf geben und ca.10 Minuten einköcheln lassen.

Das Gemüse waschen, kleinschneiden, leicht mit Salz und Zucker würzen und 10 Minuten ziehen lassen.

Etwas Schlagfix Rapsöl in einer Pfanne erhitzen und das Gemüse sowie die Orangenfilets kurz und sehr heiß anbraten. Mit der Orangensauce ablöschen - fertig.

Dazu passt sehr gut Jasmin-Klebreis.

Mittagessen

GERSTONI – RISOTTO
MIT MEDITERRANEM GEMÜSE

Rezeptvorschlag von
Carsten Geiß, Bad Oeynhausen

Zubereitungszeit: 30 Minuten
Personen: 6

ZUTATEN

RISOTTO

250 g	Gerstoni Mini
1000 ml	Gemüsebrühe
1 Prise	Kurkuma
50 ml	Schlagfix Schlagcreme universell

MEDITERRANES GEMÜSE

250 g	Paprika
250 g	Champignons, weiß
250 g	Zwiebeln, in Streifen
250 g	Zucchini
200 g	Tomaten
3 Zehen	Knoblauch
2 EL	Schlagfix Rapsöl mit Buttergeschmack
1 Prise	Meersalz, fein
1 Prise	Pfeffer, schwarz
	Rosmarin oder Thymian

ZUBEREITUNG

RISOTTO

Die Gemüsebrühe mit Kurkuma aufkochen und die Gerstoni Mini einrühren. Etwa 15 Minuten quellen lassen.
Mit der Schlagfix universellen Schlagcreme verfeinern.

MEDITERRANES GEMÜSE

Das Gemüse in Würfel oder Streifen schneiden.
Nach und nach Paprika, die Champignons, Zwiebeln, Zucchini und Tomaten in Schlagfix Rapsöl anbraten.

Den Knoblauch zu einem Mus verarbeiten, unter das Gemüse geben und kurz mitbraten.

Mit den Kräutern, Salz und Pfeffer abschmecken.

Das Risotto auf Tellern anrichten und oben auf das Gemüse geben. Mit frischen Kräutern garnieren.

Mittagessen

BRATWURST
IM BLÄTTERTEIGMANTEL

Rezeptvorschlag von
Marcus Kümmel, Berlin

Zubereitungszeit: 40 Minuten
Personen: 4

ZUTATEN

BRATWURST

4 Stück	veggyness vegane Bratwurst
4 Platten	Blätterteig, gefroren
60 g	Blattspinat
1	Karotte, klein
1 Prise	Meersalz, fein

MAYONNAISE

100 g	Schlagfix Mayonnaise
1	Apfel, Granny Smith
30 g	Dijon Senf, grob
½ Bund	Majoran
1 Prise	Rohrzucker, braun
1 Prise	Meersalz, fein

ZUBEREITUNG

BRATWURST

Die Blätterteigplatten verteilen und auftauen lassen.
Den Blattspinat waschen und schleudern.

Die Karotte schälen und mit einer Küchenreibe fein raspeln.
Mit dem Spinat auf den Blätterteigplatten verteilen und
leicht mit Salz würzen. Jeweils eine „veggyness Bratwurst"
hineinlegen, straff einrollen und gut verschließen.

Auf ein mit Backpapier ausgelegtes Backblech geben und bei
200° C ca. 20 Minuten goldgelb backen.

MAYONNAISE

Den Apfel waschen und mit einer groben Küchenreibe
raspeln. Den Majoran zupfen und hacken.

Alle Zutaten in einer Schüssel gut verrühren, mit Salz und
Zucker würzen, für 15 Minuten ziehen lassen.

SÜßKARTOFFEL-KÜRBIS-
BURGER MIT SCHNITTLAUCHSAUCE

Rezeptvorschlag von
Tom Franz, Tel Aviv

Zubereitungszeit: 30 Minuten + 1 Stunde
Personen: 3 - 4

ZUTATEN

BURGER

500 g	Süßkartoffeln, geschält & mittelgrob gerieben
300 g	Kartoffeln, festkochend, geschält & mittelgrob gerieben
300 g	Kürbis, geschält & mittelgrob gerieben
3 EL	Mehl, Typ 405
20 g	Eiersatz, z.B. No Egg
8 g	Backpulver
½ TL	Thymian, getrocknet
¼ TL	Cayennepfeffer
2-3 EL	Olivenöl
1 Prise	Meersalz, fein
1 Prise	Pfeffer, schwarz

SCHNITTLAUCHSAUCE

200 ml	Schlagfix Schlagcreme universell
4 EL	Schlagfix Mayonnaise
1 Zehe	Knoblauch, geschält & fein zerdrückt
1 Bund	Schnittlauch, in Röllchen geschnitten
1 TL	Agavendicksaft
1 EL	Weißweinessig
1 TL	Zitronensaft

ZUBEREITUNG

BURGER

Süßkartoffeln, Kürbis, Kartoffeln, Mehl, Eiersatz (z.B. No Egg), Backpulver, Thymian und Cayennepfeffer in einer Schüssel gut verrühren und mit Salz und Pfeffer würzen.

Etwa eine halbe Stunde abgedeckt stehen lassen. Wenn die Masse zu flüssig ist, noch etwas Mehl dazugeben. Während der Wartezeit die Schnittlauchsauce zubereiten.

Das Olivenöl in einer Pfanne leicht erhitzen und die Masse löffelweise zu goldbraunen Burgern braten. Aus der Pfanne nehmen und auf Küchenpapier abtropfen lassen.

SCHNITTLAUCHSAUCE

Die Schlagfix universelle Schlagcreme zusammen mit dem Zitronensaft mischen und andicken lassen. Dann die restlichen Zutaten dazugeben und mit Salz und Pfeffer würzen.

Abgedeckt mindestens eine Stunde ziehen lassen.

ZUTATEN GUACAMOLE

1	Avocado
1 Zehe	Knoblauch
etwas	Chili
½	Bio Limette, Saft & Abrieb
1 Prise	Zucker
1 Prise	Meersalz, fein
1 EL	Olivenöl
1 TL	Koriander

ZUBEREITUNG

Für die Guacamole alle Zutaten bis auf den Koriander pürieren und den fein gehackten Koriander danach zugeben.

MEXICAN-WRAP
MIT GUACAMOLE

Rezeptvorschlag von
Kathrin Karl, München

Zubereitungszeit: 35 Minuten + 30 Minuten
Personen: 2 - 3

ZUTATEN

TEIG

310 g	Mehl, Typ 405
3 TL	Olivenöl
150 ml	Wasser
1 TL	Meersalz, fein

FÜLLUNG

2	Zwiebeln
1 Prise	Zucker
2 EL	Olivenöl
2 EL	Tomatenmark
1 TL	Paprikapulver, geräuchert
1 TL	Meersalz, fein
240 g	Kidneybohnen
100 g	Stangensellerie
20 g	Schlagfix Mayonnaise
etwas	Chili
	Salat

ZUBEREITUNG

TEIG

Alle Zutaten einwiegen und mit den Händen zu einem homogenen Teig verkneten (soll schön weich sein, Mehl nur soviel zugeben, dass der Teig sich gerade so von der Schüssel und den Händen löst). In einem Gefrierbeutel verpacken und mindestens 30 Minuten ruhen lassen.

Den Wrapteig auf einer bemehlten Oberfläche dünn ausrollen, Pfanne stark erhitzen und den Wrap von beiden Seiten kurz backen, bis ganz leichte braune Blasen entstehen. Sofort aus der Pfanne holen.

FÜLLUNG

Die Zwiebeln in feine Viertelringe schneiden und mit Zucker und Olivenöl gemächlich dünsten. Tomatenmark zugeben, Hitze erhöhen und etwas ansetzen lassen. Paprikapulver, Salz und Bohnen hinzufügen. Stangensellerie in feine Halbmonde schneiden und ebenfalls kurz dünsten. Mayonnaise einrühren und mit Chili abschmecken.

ZUSAMMENFÜGEN

Die Teigfladen mit Guacamole bestreichen, Salat nach Belieben auflegen, mit der Füllung bestreichen und einrollen.

BOCKIGE WURST
MIT APFEL-CURRY SAUCE & WEDGES

Rezeptvorschlag von
Marcus Kümmel, Berlin

Zubereitungszeit: 65 Minuten
Personen: 2 - 3

ZUTATEN

KARTOFFELECKEN

800 g	junge Kartoffeln
40 ml	Schlagfix Rapsöl mit Buttergeschmack
1 Zweig	Rosmarin
	Meersalz, fein

BOCKWURST

4 Stück	Veggie Bockwurst
40 ml	Schlagfix Rapsöl mit Buttergeschmack

APFEL-CURRY SAUCE

5 g	Ingwer, frisch & fein gewürfelt
2 Zehen	Knoblauch, fein gewürfelt
1 kleine	Zwiebel, fein gewürfelt
2 EL	Currypulver
200 ml	Tomaten, passiert
20 ml	Schlagfix Rapsöl mit Buttergeschmack
1 EL	Palmzucker
1 TL	Meersalz, fein
1 EL	Limettensaft
1	Apfel, Granny Smith, gerieben

ZUBEREITUNG

KARTOFFELECKEN

Die Kartoffeln gut waschen und vierteln, den Rosmarin waschen, zupfen und hacken. Die Kartoffeln mit dem Schlagfix Rapsöl, Rosmarin und Salz würzen und auf ein Backblech oder in eine feuerfeste Form geben.

Bei 160° C ca. 40 Minuten backen.

BOCKWURST

Die „Vantastic Foods Veggie Bockwürste" einschneiden und von allen Seiten gleichmäßig anbraten.

APFEL-CURRY SAUCE

Ingwer, Knoblauch und Zwiebel in einem Topf mit Schlagfix Rapsöl goldgelb andünsten, mit dem Currypulver abstäuben und mit den passierten Tomaten ablöschen.

Alles 10 Minuten leicht köcheln lassen. Den geriebenen Apfel hinzugeben, mit Salz, Zucker und Limettensaft abschmecken.

ZUTATEN
PEPERONI-GEWÜRZ-MAYO

100 g	Schlagfix Mayonnaise
1	Peperoni, rot
½	Bio Limette, Abrieb
20 ml	Sweet Chilisauce
1 Prise	Zimt, gemahlen
1 Prise	Pfeffer, gemahlen
1 Prise	Sternanis, gemahlen
1 Prise	Nelke, gemahlen
1 Prise	Koriandersaat, gemahlen

ZUBEREITUNG
PEPERONI-GEWÜRZ-MAYO

Die Peperoni waschen, halbieren, entkernen und in feine Würfel schneiden. Alle Zutaten in einer Schüssel gut vermengen und kurz durchziehen lassen.

ZUTATEN
ZITRUS-RAPS EMULSION

1	Bio Zitrone
1	Bio Orange
1	Bio Limette
80 ml	Schlagfix Rapsöl mit Buttergeschmack
1 TL	Speisestärke
10 ml	Wasser
1 EL	Xylit (Birkenzucker)
1 Prise	Meersalz, fein
1 Prise	Pfeffer, weiß gemahlen

ZUBEREITUNG
ZITRUS-RAPS EMULSION

Die Schale der Zitrusfrüchte mit einer feinen Küchenreibe raspeln, Früchte halbieren und entsaften.

Saft und Schale der Zitrusfrüchte in einen kleinen Topf geben und mit dem Birkenzucker zum Kochen bringen. Die Speisestärke mit dem Wasser verrühren und unter ständigem Rühren zu dem köchelndem Zitrusfond geben. Das Rapsöl mit einem Schneebesen unterrühren, mit Salz und Pfeffer würzen.

MEDAILLONS
AN ROTEM SPARGELGEMÜSE

Rezeptvorschlag von
Marcus Kümmel, Berlin

Zubereitungszeit: 65 Minuten
Personen: 3 - 4

ZUTATEN

MEDAILLONS

9 Stück	veggyness vegane Seitan-Medaillons
30 ml	Schlagfix Rapsöl mit Buttergeschmack
1 Zweig	Thymian
1 Zweig	Salbei

SPARGEL

600 g	Spargel, weiß & geschält
100 ml	Rote Bete Saft
etwas	Kokosblütenzucker
1 Prise	Meersalz, fein

BULGUR

200 g	Bulgur
40 ml	Schlagfix Rapsöl mit Buttergeschmack
1	Zwiebel, fein gewürfelt
1 Zehe	Knoblauch, fein gewürfelt
300 ml	Gemüsebrühe
200 ml	Schlagfix Schlagcreme universell
150 g	Kapuzinerkresse, frisch
1 Prise	Pfeffer, weiß
1 Prise	Meersalz, fein

ZUBEREITUNG

MEDAILLONS

Das Schlagfix Rapsöl in eine Pfanne geben und die „veggyness Seitan-Medaillons" bei mittlerer Hitze goldgelb braten. Kurz vor dem Ende Thymian und Salbei hinzugeben und gut durchschwenken.

SPARGEL

Die geschälten Spargelstangen in je drei Teile schneiden, mit Salz und Zucker würzen. Den Spargel mit dem Rote Bete Saft in einem kleinen Topf gar köcheln.

BULGUR

Zwiebel und Knoblauch in Schlagfix Rapsöl glasig dünsten. Den Bulgur hinzugeben und kurz rösten. Mit der Gemüsebrühe ablöschen und leicht köcheln lassen.

Wenn die Gemüsebrühe fast verkocht ist, die Schlagfix universelle Schlagcreme hinzugeben und gar kochen.

Den Bulgur mit Salz und Pfeffer würzen. Die Kapuzinerkresse waschen, in feine Streifen schneiden und unter den Bulgur heben. Dazu den Spargel und die Medaillons reichen.

GEFLAMMTE MERGUEZ
AN RUCOLA-KARTOFFELSTAMPF

Rezeptvorschlag von
Marcus Kümmel, Berlin

Zubereitungszeit: 65 Minuten
Personen: 4

ZUTATEN

MERGUEZ:

10 Stück	veggyness vegane Merguez
10 ml	Schlagfix Rapsöl mit Buttergeschmack

PÜREE

600 g	Kartoffeln mehlig kochend, geschält
100 ml	Schlagfix Schlagcreme universell
80 ml	Schlagfix Rapsöl mit Buttergeschmack
200 g	Rucola frisch, gewaschen
1 TL	Meersalz, fein

TOMATEN

400 g	Mini-Strauchtomaten
1	Zwiebel, rot
½ Bund	Thymian, frisch
1	Bio Zitrone, Saft & Schale
60 ml	Sweet Chilisauce
30 ml	Schlagfix Rapsöl mit
1 Prise	Meersalz, fein

ZUBEREITUNG

MERGUEZ

Rapsöl in einer Pfanne erhitzen und die „veggyness Merguez" von allen Seiten gut anbraten.

PÜREE

Die Kartoffeln in grobe Würfel schneiden, in einen Kochtopf geben, mit Wasser aufgießen und mit Salz würzen, gar kochen. Das Wasser abgießen und die Kartoffeln gut ausdampfen lassen, die Schlagfix universelle Schlagcreme und das Schlagfix Rapsöl hinzugeben und mit einem Kartoffelstampfer zerstampfen.

Den gewaschenen Rucola grob schneiden, unterheben und mit Salz würzen.

TOMATEN

Die Tomaten waschen und halbieren. Die Zwiebel schälen und in feine Würfel schneiden. Den Thymian waschen und zupfen. Mit einer feinen Küchenreibe die Zitronenschale abreiben, dann die Zitrone halbieren und entsaften.

Das Schlagfix Rapsöl in einen Topf geben und die Zwiebeln darin glasig dünsten. Den gezupften Thymian hinzugeben und kurz mit dünsten. Die Tomaten, den Zitronensaft und die Sweet Chilisauce ebenfalls hinzugeben. Kurz aufkochen lassen, mit etwas feinem Meersalz und der abgeriebenen Zitronenschale würzen.

ANDREAS „BÄR" LÄSKER

Andreas „Bär" Läsker ist Stuttgarter DJ-Legende, seit 1989 Manager der „Fantastischen Vier", ehemaliger Juror bei DSDS, begeisterter Fotograf mit wechselnden Ausstellungen in Stuttgart, Gründer des veganen Fast-Food-Restaurants Xond und vielen schlicht bekannt als „der Bär".

Dieser Name begleitet ihn seit gut 30 Jahren und kam damals nicht von ungefähr: Mit seinen 1,93 Metern brachte er über 160 Kilo auf die Waage. Irgendwann war der Punkt gekommen, an dem er beschloss, aktiv Etwas für seine Gesundheit zu tun. Er beschäftigte sich mit gesunder Ernährung und entschied sich nach der Lektüre der „China Study", vegan zu ernähren.

Durch gesunde Ernährung und Sport hat er es geschafft, gut 60 Kilo abzuspecken.

Über seine Erfahrungen sagt er: „Ihr Körper dankt Ihnen die Ernährungsumstellung mit einem sofort zu verzeichnenden Energieschub. Für mich war das übrigens der sofortige und entscheidende Beweis dafür, dass ich auf dem richtigen Weg bin."

„Wenn es mir sofort besser geht als vorher, kann es wohl kaum schlecht für mich sein." Deutlicher kann man nicht ausdrücken, was eine vegane Ernährung für Gesundheit und Wohlbefinden tun kann.

ANRICHTEN

Kurz vor dem Servieren die Rapsmargarine in die
heiße Suppe geben und mit dem Stabmixer sämig
aufschlagen. In tiefe Teller füllen und jeweils mit
einer karamellisierten Fenchelscheibe belegen.

WEIßE SUPPE
MIT KARAMELLISIERTEN FENCHELSCHEIBEN

Rezeptvorschlag von
Tom Franz, Tel Aviv

Zubereitungszeit: 50 Minuten
Personen: 2 - 3

ZUTATEN

6 EL	Olivenöl
2	Zwiebeln, fein gehackt
750 g	Fenchel
15 g	Reis, weiß
2 cl	Arrak
500 ml	Schlagfix Schlagcreme universell
1	Sternanis
½ TL	Zucker
1 Prise	Meersalz, fein
1 Prise	Pfeffer, schwarz
½ TL	Rohrzucker, braun
2 Msp.	Cayennepfeffer
20 g	Schlagfix Rapsmargarine

ZUBEREITUNG

Drei Esslöffel Olivenöl in einem großen Topf erhitzen und die Zwiebeln mit etwas Salz anschwitzen, ohne dass sie Farbe annehmen. Den Reis hinzufügen und unter Rühren glasig werden lassen. Den Arrak zugeben und die Flüssigkeit verdampfen lassen.

Den Fenchel längs in Scheiben schneiden. Sechs besonders schöne Scheiben beiseitelegen und den Rest in den Topf zu dem Reis und dem Arrak geben.

Die Schlagfix universelle Schlagcreme angießen und so viel Wasser hinzufügen, dass der Fenchel fast bedeckt ist. Den Sternanis dazugeben und den Zucker einstreuen. Mit Salz und Pfeffer würzen. Zum Kochen bringen und köcheln lassen, bis Fenchel und Reis weich sind.

In der Zwischenzeit das restliche Olivenöl in einer Pfanne erhitzen und die sechs beiseitegelegten Fenchelscheiben goldbraun und weich schmoren. Während des Schmorens mit dem Rohrucker bestreuen und mit Salz und Pfeffer würzen.

Wenn der Fenchel und der Reis in der Suppe weich sind, den Sternanis herausnehmen und den Fenchel mit dem Stabmixer fein pürieren. Anschließend mit Cayennepfeffer sowie Salz und Pfeffer abschmecken.

WICHTIG! DIE SUPPE DURCH EIN SIEB PASSIEREN, UM DIE FENCHELFÄDEN ZU ENTFERNEN.

KÜRBIS-APFEL SUPPE

Rezeptvorschlag von
Carsten Kuschel, Delitzsch

Zubereitungszeit: 25 Minuten + 2 Stunden
Personen: 4 - 6

ZUTATEN

SUPPE

2 EL	Schlagfix Rapsöl mit Buttergeschmack
1	Zwiebel, groß
1	Kartoffel
1 TL	Curry
750 ml	Gemüsebrühe
2 EL	Kurkuma
40 g	Ingwer
500 g	Hokkaido Kürbisfleisch
2	Paprika
1	Fenchelknolle
2	Äpfel
1	Lorbeerblatt
300 ml	Schlagfix Schlagcreme universell
2 EL	Brandy
1 Prise	Meersalz, fein
1 Prise	Zucker
etwas	Zitronenjoghurt

DEKORATION

50 g	Rucola
5 EL	Schlagfix Rapsöl mit Buttergeschmack

ZUBEREITUNG

GRUNDFOND

Alle Zutaten für den Fond ggf. klein schneiden, in einen Topf geben, zwei Stunden köcheln lassen und etwa um die Hälfte einreduzieren.

SUPPE

Die Zwiebel würfeln, in Schlagfix Rapsöl dünsten. Kürbis, Äpfel, Fenchel, Paprika und Kartoffel in Würfel schneiden und zu den Zwiebeln geben. Die Gewürze hinzugeben und alles miteinander vermischen.

Dann mit dem Grundfond ablöschen, Salz, Zucker und Lorbeerblatt hinzugeben. Kurz aufkochen lassen und dann bei kleiner Hitze ca. 20 Minuten garen.

Lorbeerblatt herausnehmen und die Zutaten in einem Mixer pürieren. Nochmals auf dem Herd erhitzen und die Schlagfix universelle Schlagcreme zugeben. Mit Brandy abschmecken und mit etwas Zitronenjoghurt servieren.

DEKORATION

Den Rucola waschen und trocken tupfen.

Schlagfix Rapsöl erhitzen und den Rucola Blatt für Blatt ca. zehn Sekunden in einer Pfanne frittieren.

Mittagessen

ZUTATEN GRUNDFOND

3 l	Wasser
1	Sellerieknolle
2	Porreestangen
4	Möhren
1	Zwiebel
1	Chilischote
50 g	Ingwer
	Pfeffer & Salz

KAROTTEN-
SPARGELCREME-QUICHE

Rezeptvorschlag von
Tom Franz, Tel Aviv

Zubereitungszeit: 45 Minuten + 1 Stunde
Personen: 6 - 8

ZUTATEN

TEIG

175 g	Schlagfix Rapsmargarine
250 g	Mehl, Typ 405
10 g	Eiersatz, z.B. No Egg
2 EL	Wasser, kalt
½ TL	Meersalz, fein

FÜLLUNG

50 g	Schlagfix Rapsmargarine
50 g	Olivenöl
3	Zwiebeln, mittelgroß, geschält & fein gehackt
1 Prise	Meersalz, fein
1 Prise	Pfeffer, schwarz
200 ml	Weißwein, trocken
300 ml	Schlagfix Schlagcreme universell
200 g	Karotten
40 g	Eiersatz, z.B. No Egg
500 g	Spargel, grün
1 Prise	Muskatnuss, gerieben

HILFSMITTEL

1 kg	Trockenbohnen, -erbsen oder –kichererbsen

ZUBEREITUNG

TEIG

Die Schlagfix Rapsmargarine in der Küchenmaschine kurz durchkneten. Die übrigen Zutaten dazugeben und bei mittlerer Geschwindigkeit nun so lange kneten, bis ein glatter Teig entsteht. Diesen zu einer Kugel formen und in Frischhaltefolie gewickelt mindestens eine Stunde in den Kühlschrank legen. Den Teig kann man auch gut einen Tag vorher vorbereiten und sogar ein bis zwei Wochen einfrieren.

FÜLLUNG

Die Schlagfix Rapsmargarine und das Olivenöl in einer großen Pfanne erhitzen und die Zwiebeln bei leichter bis mittlerer Hitze glasig anschwitzen, dabei mit etwas Salz bestreuen.

Den Weißwein angießen und reduzieren. Schlagfix universelle Schlagcreme hinzufügen und bei leichter Hitze köcheln lassen, bis die Sauce um ein Drittel reduziert ist. Anschließend die Sauce vom Herd nehmen.

Die Karotten in feine Streifen hobeln. Die Füllung mit den Karotten und dem Eiersatz (z.B. No Egg) in einer Schüssel sorgfältig vermengen. Mit einer Messerspitze Muskat sowie Salz und Pfeffer würzen.

FERTIGSTELLUNG

Reichlich Salzwasser zum Kochen bringen. In der Zwischenzeit den Spargel im unteren Drittel schälen und die Enden abschneiden. Eine Schüssel mit kaltem Wasser oder noch besser mit Eiswürfeln bereitstellen. Die Spargelstangen in dem kochenden Wasser je nach Dicke der Stangen zwei bis fünf Minuten blanchieren. Die Spargelstangen herausnehmen und im Eiswasser abkühlen lassen.
Den Backofen auf 180° C vorheizen.

Den Teig aus dem Kühlschrank nehmen und auf einer bemehlten Arbeitsfläche zu einer ½ Zentimeter dicken Platte ausrollen. Sie muss groß genug sein, um in die Auflaufform zu passen und dazu noch einen drei Zentimeter hohen Rand zu bilden. Die Form mit dem Teig auslegen und diesen zunächst blind backen. Dazu auf dem Teig Backpapier auslegen und mit Trockenbohnen, -erbsen oder –kichererbsen füllen. 20 Minuten backen, bis der Teig etwas Farbe angenommen hat. Anschließend das Backpapier samt Hülsenfrüchten entfernen.

Den Spargel aus dem Wasser nehmen und trocken tupfen. Die Stangen in vier bis fünf Zentimeter lange Stücke schneiden und die Spitzen beiseitelegen.

Die Spargelstücke mit der Füllung vermengen und das Ganze in die Form füllen. Die Spargelspitzen darüber verteilen. Die Quiche im heißen Ofen 20 -25 Minuten goldbraun backen und fünf Minuten ruhen lassen. In Stücke schneiden und servieren.

KALTES JOGHURTSÜPPCHEN
MIT GURKE, DILL & FENCHEL

Rezeptvorschlag von
Marcus Hähle, Weimar

Zubereitungszeit: 50 Minuten
Personen: 2 - 3

ZUTATEN

SUPPE

500 g	Sojajoghurt
200 ml	Schlagfix Schlagcreme universell
100 ml	Wasser
3 Zehen	Knoblauch
1 Zweig	Minze
1 Prise	Meersalz, fein
1 Prise	Pfeffer, schwarz
2 Zweige	Fenchelgrün

SALAT

3 Zweige	Fenchelgrün
100 g	Fenchel
160 g	Salatgurke
1	Bio Zitrone
2 Zweige	Dill
1 Prise	Meersalz, fein
1 Prise	Pfeffer, schwarz
1 Prise	Zucker
2 EL	Olivenöl

ZUBEREITUNG

SUPPE

Den Sojajoghurt mit der Schlagfix universellen Schlagcreme und dem Wasser verrühren. Den Knoblauch pressen, die Minze in feine Streifen schneiden, das Fenchelgrün hacken und zur Masse geben. Mit Salz und Pfeffer abschmecken und kaltstellen.

SALAT

Die Gurke und den Fenchel reiben (etwas Fenchel aufheben), die Dillzweige hacken und unterheben. Die Zesten von einer halben Zitrone fein würfeln und den Saft ebenfalls unterheben. Eine Prise Salz, Zucker und Olivenöl dazugeben und kalt stellen.

Den restlichen Fenchel hobeln und in einer Pfanne in Olivenöl goldgelb braten.

Das Süppchen in eine Schüssel füllen, den Gurken-Fenchel-Salat in die Mitte geben, den geriebenen Fenchel und etwas Öl aus der Pfanne in die Mitte setzen und mit dem restlichen Dill und dem gebratenen Fenchel garnieren.

SÜSSKARTOFFEL
MANGOLD-AUFLAUF MIT „KÄSEKRUSTE"

Rezeptvorschlag von
Andreas „Bär" Läsker

Zubereitungszeit: 75 Minuten
Personen: 4 – 6

ZUTATEN

AUFLAUF

4	Süßkartoffeln
1	Mangold, klein geschnitten
3 Zehen	Knoblauch, gepresst
250 ml	Schlagfix Schlagcreme universell
3 EL	Gemüsebrühepulver
200 g	Cashewkerne, gemahlen
10 EL	Schnellkoch-Polenta
2 EL	Kartoffelmehl
250 ml	Sojamilch
3 TL	Meersalz, fein
2 TL	Pfeffer, schwarz
½ TL	Agar-Agar

KÄSEKRUSTE

150 ml	süßer Senf
200 ml	Schlagfix Schlagcreme universell
200 g	Polenta
2 EL	Olivenöl
1 TL	Meersalz, fein
200 ml	Wasser
1 EL	Pfeffer, schwarz
1 TL	Gemüsebrühepulver

ZUBEREITUNG

AUFLAUF

Die Süßkartoffeln in dünne Scheiben schneiden und beiseite legen. Alle restlichen Zutaten für den Auflauf zu einer Mangold-Cashew-Masse anrühren.

Eine Auflaufform mit Olivenöl einfetten. Eine Schicht Kartoffelscheiben auslegen. Darüber dann eine Schicht der Mangold-Cashew-Masse verteilen. Dies so lange wiederholen, bis Kartoffeln und Masse verbraucht sind.

Anschließend die Auflaufform mit der veganen Käsekruste auffüllen und für eine Stunde in den auf 180° C Umluft vorgeheizten Backofen geben.

KÄSEKRUSTE

Alle Zutaten der veganen Käsekruste in einer Schüssel zu einer Masse verrühren.

CARPACCIO
VON DER ZUCCHINI

Rezeptvorschlag von
Marcus Kümmel, Berlin

Zubereitungszeit: 15 Minuten
Personen: 2 - 3

ZUTATEN

CARPACCIO

400 g	Zucchini
50 g	Kirschtomaten
1	Zwiebel, rot
1 Prise	Meersalz, fein
1 Prise	Zucker

MAYONNAISE

3 x 50 g	Schlagfix Mayonnaise
1	Bio Orange, Saft & Abrieb
1	Chilischote
1 Msp.	Currypulver
10 ml	Ananassaft
2 Zweige	Thymian
1	Bio Zitrone, Saft & Abrieb
1 Prise	Meersalz, fein
1 Prise	Zucker

ZUBEREITUNG

Die Zucchini dünn hobeln, leicht salzen und zuckern. Die Zwiebel schälen und in feine Streifen schneiden.

Vier bis sechs Teller mit der gehobelten und gewürzten Zucchini auslegen. Mit den verschiedenen Mayonnaisen, der Zwiebel und den Kirschtomaten ausgarnieren.

MAYONNAISE 1 - ORANGE-CHILI

50 g Mayonnaise in eine Schüssel geben, mit Orangenabrieb, -saft und fein geschnittener Chili würzen.

MAYONNAISE 2 - CURRY

50 g Mayonnaise in eine Schüssel geben, mit dem Ananassaft und dem Curry mischen.

MAYONNAISE 3 - THYMIAN-ZITRONE

50 g Mayonnaise in eine Schüssel geben, mit fein gehacktem Thymian, Zitronenabrieb und -saft mischen. Je nach Belieben die Mayonnaisen mit Salz und Zucker abschmecken.

„GIB TIERISCHE LEBENSMITTEL FÜR ZWEI MONATE ODER SOGAR NUR FÜR EINE WOCHE AUF UND ICH VERSPRECHE DIR, DASS DU BESSER AUSSIEHST UND DICH BESSER FÜHLST UND DU ES FÜR IMMER TUN MÖCHTEST!"

ALICIA SILVERSTONE

CARSTEN KUSCHEL

Carsten Kuschel ist seit mehr als 12 Jahren selbstständiger Koch. Gutes Essen liebte er schon, als er noch ein kleiner Junge war. Ursprünglich studierte er Landwirtschaft und legte damit den Grundstein für seine Kochkarriere.

Denn wer weiß, wie Zutaten entstehen, kann sie vor allem bewusster verarbeiten. Sein kulinarischer Wissensdurst führte ihn erst nach Palermo in Italien, dann über Frankreich, Holland bis nach London und Mallorca. Auch auf der AIDA bereiste er die Welt und sammelte Erfahrungen.

Überschätzt findet Carsten Kuschel das Kochen strikt nach Rezeptbuch, da fehlt ihm die persönliche Note des Kochs. Etwas Freestyle ist bei ihm also immer auch Programm.

Besonders wichtig ist ihm die richtige Anwendung von Gewürzen, denn sie geben dem Essen den richtigen Schliff - natürlich - ohne Geschmacksverstärker. Er möchte den Kochschülern und allen Interessierten die einfache und gute Küche zeigen und mit seinem Essen einfach glücklich machen. Dabei geht es ihm nicht nur um klassische Speisen - auch Sushi, Gabelbuffets und Fingerfood genießen bei ihm einen hohen Stellenwert.

Nach über zehn Jahren mit einem eigenen Restaurant, entschied sich der Profi für einen neuen Weg. Weil er den direkten Kontakt zu den Gästen braucht, wurde er Eventkoch. Seitdem konnte man seine Künste unter anderem bei RTL und VOX, im MDR und in vielen Kochschulen sowie auf unzähligen Live-Caterings erleben.

NACHMITTAG

KAROTTENKUCHEN

Rezeptvorschlag von
Marcus Kümmel, Berlin

Zubereitungszeit: 65 Minuten
Personen: 8 – 12

ZUTATEN

300 g	Karotten, geraspelt
150 g	Rohrzucker, braun
350 g	Mehl, Typ 405
100 g	Walnusskerne, gehackt
50 g	Rosinen
2 TL	Backpulver
150 ml	Schlagfix Schlagcreme gesüßt
50 ml	Schlagfix Rapsöl mit Buttergeschmack
½ TL	Zimt, gemahlen
1	Bio Zitrone, Saft & Abrieb
1 Prise	Meersalz, fein

ZUBEREITUNG

Mehl, Rohrzucker, gehackte Walnüsse, Rosinen, Backpulver, Zimt und Meersalz in eine Schüssel geben und mischen.

Die geraspelten Karotten mit dem Rapsöl, der gesüßten Schlagfix Schlagcreme, Zitronensaft und -abrieb ebenfalls mischen.

Beide Massen miteinander verkneten und in eine gefettete Backform (26 Zentimeter) geben.

Bei 160° C Umluft ca. 30 Minuten backen.

BANANEN-SCHOKO
BAUMSTAMM

Rezeptvorschlag von
Jan Ketel, Berlin

Zubereitungszeit: 40 Minuten
Personen: 6 - 8

ZUTATEN

BANANENTEIG

160 g	Rohrzucker, braun
100 ml	Schlagfix Schlagcreme universell
60 ml	Schlagfix Rapsöl mit Buttergeschmack
150 g	Bananen
1 Spritzer	Zitrone
150 g	Buchweizenmehl
1 TL	Backpulver

SCHOKOCREME

200 ml	Schlagfix Schlagcreme universell
60 g	Schlagfix Nuss-Nougat Creme
60 g	geschmolzene Kuvertüre

ZUBEREITUNG

TEIG

Für den Teig die Bananen mit dem Rohrzucker, Schlagfix universeller Schlagcreme und Schlagfix Rapsöl in einem Mixer zum „Shake" pürieren. Dann das Mehl und Backpulver von Hand unter den Bananenshake heben, einen Spritzer Zitrone zugeben und auf einem mit Backpapier ausgelegten Backblech gleichmäßig verstreichen.

Bei 180° C ca. 20 Minuten backen. Nach dem Backen den Teig vom Blech nehmen und mit Backpapier und einem Küchentuch abdecken. Das Küchentuch verhindert das Zusammenwickeln des Backpapiers. Nach dem Abkühlen den Bananenteig noch einmal mit dem Rollholz platt rollen. Dadurch lässt sich die Roulade besser zusammenrollen.

SCHOKOCREME

Die Schlagfix universelle Schlagcreme aufschlagen. Die Nuss-Nougat Creme mit der geschmolzenen Kuvertüre vermischen, in die lockere Schlagcreme geben und kurz unterrühren. Zwei Drittel der Schokocreme gleichmäßig auf der Bananenroulade verstreichen und dabei an allen Seiten einen Zentimeter Platz lassen. An der Unterseite einen Rand von vier Zentimeter lassen, da durch das Zusammenrollen die Creme sonst aus der Rolle gedrückt würde.

Nun den Teig zusammenrollen und mit der restlichen Creme die Bananen-Schoko-Rolle bestreichen. Mit einer Gabel Streifen in die Creme ziehen und der Baumstamm ist fertig.

Der „Buche de Noelin" ist ein Traditions-
gebäck aus Frankreich. Klassisch wird der
„Weihnachtsbaumstamm", auch Bis-
marckeiche genannt, mit Schokobiskuit
und Schokocreme serviert. In unserem
Falle gleiten wir an der Tradition vorbei
und nutzen leckere saftige Bananen
und geben dem Buche de Noelin einen
abwechslungsreicheren Geschmack.

Wer es weihnachtlich mag, kann Zimt als
Gewürz verwenden.

Starker Kaffee, süße Kondensmilch und Eiswürfel - diese klassisch vietnamesische Art Kaffee
zu genießen (genannt Ca Phe Sua Da), ist höchst
aromatisch.

TIPP
Wem schon kalt genug ist, der lässt die Eiswürfel
weg und genießt den Kaffee einfach direkt im
heißen Zustand.

CA PHE SUA DA

Rezeptvorschlag von
Kaffeerösterei Moness, Balgstädt

Zubereitungszeit: 10 Minuten
Personen: 2

ZUTATEN

50 g	vietnamesisches Kaffeepulver, z.B. Moness
100 ml	Schlagfix Schlagcreme gesüßt
40 g	Puderzucker
5-6	Eiswürfel
1	aufsetzbarer Metallfilter für den Kaffee
200 ml	heißes Wasser

ZUBEREITUNG

Für die dafür benötigte vegane Kondensmilch einfach die gesüßte Schlagcreme auf mittlerer Stufe erwärmen und dabei den Puderzucker hinzugeben.

Die Schlagcreme so lange sieden lassen, bis die gewünschte Dickflüssigkeit erreicht ist. Um den Prozess zu beschleunigen, können sie auch eine Messerspitze Iota hinzufügen. Diese in die erhitzte Schlagcreme einrühren und die Kondensmilch anschließend sofort von der Kochstelle nehmen.
Beim Abkühlen dickt diese dann an.

Für einen maximal authentischen Geschmack empfehlen wir die Verwendung von original vietnamesischem Kaffee (z.B. von Moness). Alternativ können auch andere Sorten ausprobiert werden. Wichtig ist, einen stark gerösteten Kaffee (Robusta) mit reduziertem Arabica-Anteil zu verwenden.

Die gewünschte Menge vegane Kondensmilch nun in ein ausreichend großes Glas füllen. Das Kaffeepulver in eine entsprechende Filtervorrichtung einfüllen, auf dem Glas aufsetzen und die nötige Menge heißes Wasser aufgießen.

Nach kurzer Zeit kann man nun entspannt zusehen, wie der Kaffee langsam in das Glas tropft. Ist der Prozess abgeschlossen, den Filter vom Glas nehmen und einige Eiswürfel in das Glas geben, so dass der Kaffee abkühlt und mit Hilfe eines Strohhalms als leckerer Eiskaffee genossen werden kann.

RHABARBER-MOUSSE
MIT ERDBEER-PESTO

Rezeptvorschlag von
Frank Knöchel, Ilmenau

Zubereitungszeit: 20 Minuten
Personen: 6

ZUTATEN

RHABARBER-MOUSSE

300 g	Rhabarber
250 ml	Rhabarbersaft
1	Vanilleschote
10 g	Rohrzucker, braun
6 g	Agar-Agar
250 ml	Schlagfix Schlagcreme universell

ERDBEER-PESTO

200 g	Erdbeeren
40 g	Cashewkerne
½ Bund	Basilikum
50 ml	Schlagfix Rapsöl mit Buttergeschmack
40 ml	Erdbeertopping
1 Prise	Meersalz, fein

nach Belieben etwas Schärfe
(wir empfehlen Chili oder Pfeffer)

ZUBEREITUNG

RHABARBER-MOUSSE

Den Rhabarber in Stücke schneiden, mit Rhabarbersaft und Vanilleschote in einem Topf weich dünsten.

Die Vanilleschote entnehmen und den Rhabarber pürieren. Mit Agar-Agar einmal kurz aufkochen lassen. Vom Herd nehmen und abkühlen lassen. Schlagfix universelle Schlagcreme steif schlagen und unter die Rhabarbermasse ziehen. Kalt stellen.

ERDBEER-PESTO

Erdbeeren waschen, putzen, würfeln und die Hälfte davon zur Seite legen. Das Basilikum waschen, trockenschleudern und schneiden. Die Cashewkerne trocken in einer Pfanne anrösten und abkühlen lassen. Die Erdbeeren und die Cashewkerne hacken und das Erdbeertopping hinzugeben.

In einem dünnen Strahl das Öl dazu gießen und verrühren, bis eine dickflüssige, cremige Masse entsteht. Mit einer Prise Salz würzen.

Zum Schluss das Basilikum und die gewürfelten Erdbeeren unterheben.

JAN KETEL

Im Herzen von Berlin geboren, wechselte Jan Ketel schon in jungen Jahren häufig Stadtteile und Schulen. Vielleicht ist das auch der Grund für seine spätere Wanderschaft rund um den Globus und seine generelle Neugier für Neues.

Glücklicherweise hatte sich der zielstrebige Jungkonditor zur Meisterschule angemeldet und leistete seinen Wehrdienst in einer zivilen Einrichtung ab. Nach nicht einmal einem Jahr war Jan Ketel so bereits Konditormeister.

Als jungen Meister zog es Jan Ketel dann in die weite Welt. Erste Erfahrungen sammelte er als Konditor in New York. Er arbeitete in einer renommierten österreichischen Patisserie. Zu seinen Kollegen zählten internationale Konditoren aus dem Iran, Panama, Niederlande, Schweiz, Frankreich, Ecuador und Österreich.

Irgendwann war der Kopf voll mit internationalen Spezialitäten und er machte sich wieder auf den Weg zurück nach Deutschland. Aus familiären Gründen zog es ihn nach Rügen. Dort begann er im Schlosshotel als Chef de Patisserie und begeisterte schnell die ganze Insel. Diverse Neukreationen werden noch heute im Schlosshotel nach seinen Rezepten hergestellt.

Neben der Zusammenarbeit mit der Konditoreninnung auf Rügen und dem Köcheverein Nord, arbeitete der Konditormeister auch mit Kollegen vor Ort eng zusammen. Nach fünf Jahren zog es ihn wieder zurück in seine Heimatstadt Berlin. Hier wirkt er in einem 5-Sterne-Hotel als Chef de Patisserie.

HASELNUSS BRIGADEIRO

Rezeptvorschlag von
Chubby Vegan, São Paulo

Zubereitungszeit: 15 Minuten + 3 Stunden
Personen: 2 - 3

ZUTATEN

100 g	Schlagfix Nuss-Nougat Creme
240 ml	Pflanzenmilch
200 g	Zucker
100 g	dunkle Schokolade, mind. 60 % Kakao
30 g	Maisstärke Schokoladenstreusel

ZUBEREITUNG

Die Schokolade in einer kleinen Pfanne schmelzen.
Die anderen Zutaten hinzufügen und kurz aufkochen, bis die Masse dick wird.

Die Masse anschließend in einem mit Öl ausgestrichenen Behälter für ca. drei Stunden im Kühlschrank lagern.

Um die Brigadeiros zu formen, die Hände leicht mit geschmacksneutralem Öl benetzen und die Trüffel zwischen den Handflächen formen. Sofort nach dem Formen in Schokostreuseln wälzen.

„TIERE KÖNNEN NICHT FÜR SICH SELBST SPRECHEN. UND DESHALB IST ES SO WICHTIG, DASS WIR ALS MENSCHEN UNSERE STIMME FÜR SIE ERHEBEN UND UNS FÜR SIE EINSETZEN."

GILLIAN ANDERSON

Eine klassische Kombination aus frischen fruch-
tigen Himbeeren, saftigem Schokobiskuit und
leichter Schlagfix Schlagcreme. Diese Torte habe
ich schon als kleiner Junge gerne gegessen.

HIMBEER-SCHOKO TORTE

Rezeptvorschlag von
Jan Ketel, Berlin

Zubereitungszeit: 65 Minuten
Personen: 2 - 3

ZUTATEN

SCHOKOBISKUIT

100 g	Buchweizenmehl
30 g	Backkakao
5 g	Backpulver
10 g	Eiersatz, z.B. No Egg
250 ml	Schlagfix Schlagcreme gesüßt
10 ml	Schlagfix Rapsöl mit Buttergeschmack

HIMBEERCREME

150 ml	Schlagfix Schlagcreme universell
10 g	Rohrzucker, braun
5 g	Vanillezucker
125 g	frische Himbeeren
1 Spritzer	Zitronensaft

ZUBEREITUNG

SCHOKOBISKUIT

Buchweizenmehl, Backkakao, Backpulver und Eiersatz (z.B. No Egg) zusammen sieben. Die Schlagfix gesüßte Schlagcreme aufschlagen und anschließend das Schlagfix Rapsöl hinzufügen. Das Mehlgemisch unter die luftige Schlagcreme heben und in eine gefettete und bemehlte Springform (Ø 20 Zentimeter) füllen.

Bei 160° C ca. 25 Minuten backen.

HIMBEERCREME

Die Schlagfix universelle Schlagcreme zusammen mit dem Zucker aufschlagen. Die Hälfte der Himbeeren mit den Fingern vorsichtig zerkleinern und zusammen mit dem Spritzer Zitrone unter die Creme heben. Je mehr man umrührt, um so rötlicher wird die Himbeercreme.

ZUSAMMENFÜGEN

Den Schokobiskuit oben flach abschneiden, sodass eine ebene Fläche entsteht. Den Abschnitt für die Garnitur etwas aufbröseln.

Den Schokoboden aus der Springform lösen. Die Creme gleichmäßig darauf verteilen. Die restlichen Himbeeren zusammen mit den Schokobröseln nach Belieben auf der Torte anrichten.

MANGO-SCHLAGCREME
MIT BESCHWIPSTEN FRÜCHTEN

Rezeptvorschlag von
Carsten Kuschel, Delitzsch

Zubereitungszeit: 65 Minuten
Personen: 2 - 3

ZUTATEN

150 g	Waldbeeren
3 TL	Rohrzucker, braun
250 ml	Schlagfix Schlagcreme gesüßt
1	Flugmango
1	Bio Zitrone, Abrieb
1	Vanilleschote
100 ml	Sherry

ZUBEREITUNG

Die Waldbeeren mit dem Zucker in einem Topf karamellisieren und mit Sherry ablöschen. Anschließend kalt stellen.

Die Mango in kleine Stücke schneiden und pürieren. Mit dem Mark der Vanilleschote und dem Abrieb der Zitrone gut vermengen.

Die Schlagfix gesüßte Schlagcreme steif schlagen und anschließend das Mangopüree vorsichtig unterheben.

Die Früchte in ein Glas geben und mit der Mangocreme bedecken.

Ein Minzblatt als Dekoration dazugeben. An den Glasrand eine Johannisbeerrispe geben.

„GESELLIGES VERGNÜGEN, MUNTRES GESPRÄCH
MUSS EINEM FESTMAHL DIE WÜRZE GEBEN."

WILLIAM SHAKESPEARE

KIRSCHBLÜTEN-MOUSSE
MIT MANDELBISKUIT

Rezeptvorschlag von
Jan Ketel, Berlin

Zubereitungszeit: 75 Minuten + 2 Stunden
Personen: 6

ZUTATEN

MANDELBISKUIT

330 ml	Schlagfix Schlagcreme gesüßt
80 g	Mehl, Typ 405
60 g	Mandeln, gemahlen
8 g	Eiersatz, z.B. No Egg

MOUSSE

15 g	getrocknete Kirschblüten oder andere Blüten
5 g	Agar-Agar
50 ml	Wasser, ca. 90° C
50 g	Birkenzucker
300 ml	Schlagfix Schlagcreme universell
10 ml	Schlagfix Rapsöl mit Buttergeschmack
1 Scheibe	Zitrone, Saft

ZUBEREITUNG

MANDELBISKUIT

Das Mehl mit den Mandeln und dem Eiersatz (z.B. No Egg) mischen. Die Schlagfix gesüßte Schlagcreme steif schlagen und das Mandel-Mehl-Gemisch unterheben.

Die Masse auf ein mit Backpapier ausgelegtes Backblech ca. einen Zentimeter dick einstreichen und bei 180° C 15 Minuten backen. Nach dem Backen den Teig sofort vom heißen Blech ziehen und auskühlen lassen. Nach dem Auskühlen in drei gleich große Stücke schneiden, ca. 26 cm x 10 cm groß.

MOUSSE

Die Kirschblüten mit dem Agar-Agar und dem Zucker mischen, dann mit dem heißen Wasser aufgießen, umrühren und langsam auf ca. 40° C abkühlen lassen.

Die Schlagfix universelle Schlagcreme aufschlagen und das Schlagfix Rapsöl sowie den Zitronensaft hinzufügen. Danach den „Kirschblütentee" zugießen.

Etwas weniger als die Hälfte der Mousse auf einen Mandelbiskuit aufstreichen, dann einen zweiten Mandelbiskuit auflegen und wieder etwa die Hälfte der Kirschblüten-Mousse auf den Boden streichen. Mit dem letzten Mandelboden abdecken und zwei bis drei Stunden kaltstellen. Nach dem Auskühlen den Kirschblütenkuchen in sechs ca. 4 cm x 4 cm große Quadrate schneiden. Mit der restlichen Mousse nach Belieben die sechs Törtchen garnieren.

WALDMEISTERCREME
MIT RAPSBLÜTENBISKUIT

Rezeptvorschlag von
Jan Ketel, Berlin

Zubereitungszeit: 60 Minuten + 3 Tage
Personen: 6

ZUTATEN

TEIG

660 ml	Schlagfix Schlagcreme gesüßt
30 ml	Schlagfix Rapsöl mit Buttergeschmack
360 g	Dinkelmehl, Typ 630
20 g	Eiersatz, z.B. No Egg
	Rapsblüten von sechs Rapspflanzen

SIRUP

2-3 Tage vorher ansetzen

80 g	Waldmeister, frisch
180 g	Zucker
100 ml	Wasser

ZUBEREITUNG

TEIG

Schlagfix gesüßte Schlagcreme mit dem Handmixer aufschlagen und dann das Schlagfix Rapsöl hinzugeben und kurz einrühren.

Dinkelmehl und Eiersatz (z.B. No Egg) zusammen über die Schlagcreme sieben und unter die schaumige Masse heben.

Kurz noch die Rapsblüten einarbeiten und die Biskuitmasse ca. einen Zentimeter dick auf ein mit Backpapier ausgelegtes Backblech streichen und bei 180° C ca. 15 Minuten backen. Nach dem Backen den Biskuit sofort vom heißen Backblech nehmen und auskühlen lassen.

Der Teig ergibt sechs Törtchen mit einem Durchmesser von sieben Zentimetern.

SIRUP

Für den Sirup Wasser mit Zucker zum Kochen bringen und eine Minute köcheln lassen, anschließend vom Herd nehmen. Den Waldmeister in den Sirup geben und gut einrühren.

Wenn der Sirupansatz abgekühlt ist, in ein verschließbares Gefäß umfüllen. Den Sirup mit Waldmeister zwei bis drei Tage ziehen lassen. Danach den Waldmeister aus dem Sirup nehmen. Der Sirup ist bei kühler Lagerung ca. 30 Tage haltbar.

ZUTATEN CREME

300 ml	Schlagfix Schlagcreme universell
30-40 ml	Waldmeistersirup

ZUBEREITUNG CREME

Für die Creme die Schlagfix universelle Schlagcreme aufschlagen und den Sirup nach und nach einarbeiten.

TÖRTCHEN ZUSAMMENSETZTEN

Für die Törtchen sechs Streifen aus dem Biskuit schneiden. Diese Streifen sollten etwas flacher sein als die Dessertringe hoch sind und so lang wie der Innenumfang vom Ring (ca. 5 cm x 20 cm). Dann noch sechs kleine Biskuitböden ausstechen.

Den runden Boden in die Formen legen und die Ringe mit den Streifen auslegen. Den restlichen Biskuit in kleine Würfel schneiden. Die kleinen Törtchen mit der Waldmeistercreme füllen und ab und an ein paar Biskuitwürfel einstreuen. Ein paar Biskuitwürfel für die Garnitur aufheben.

GRIEßKUCHEN

Rezeptvorschlag von
Tom Franz, Tel Aviv

Zubereitungszeit: 90 Minuten + 30 Minuten
Personen: 8 - 12

ZUTATEN

TEIG

500 g	Grieß
100 g	Mehl, Typ 405
16 g	Backpulver
¼ TL	Meersalz, fein
225 g	brauner Zucker
4 TL	Zitronensaft
20 g	Bockshornkleesamen, 2 Minuten gekocht und anschließend sorgfältig abgetropft
200 g	Schlagfix Rapsmargarine
200 ml	Schlagfix Schlagcreme universell
100 ml	Wasser, lauwarm

SIRUP

1	Zitrone, Saft
1	Orange, Saft
150 ml	Wasser
200 g	Rohrzucker, braun
3 EL	Agavendicksaft

AUßERDEM

3 EL	Tahina für die Form

ZUBEREITUNG

TEIG

Den Backofen auf 170° C vorheizen.

Die universelle Schlagcreme mit dem Zitronensaft verrühren und ganz kurz mit einem Pürierstab mixen. So entsteht eine vegane „saure Sahne". Diese dann zusammen mit der Schlagfix Rapsmargarine und dem Wasser zu den trockenen Zutaten geben und abermals verrühren. So lange weiterrühren, bis ein glatter Teig entsteht.

Eine Form (ø 26 Zentimeter) mit Tahina auspinseln und den Teig einfüllen. 40 – 50 Minuten auf mittlerer Schiene backen.

SIRUP

In der Zwischenzeit für den Sirup alle genannten Zutaten fünf Minuten kochen lassen und beiseite stellen. Sobald der Kuchen fertig ist, die Form aus dem Ofen nehmen und fünf Minuten auskühlen lassen.

Anschließend den Sirup in kleinen Mengen gleichmäßig über den heißen Kuchen gießen. Einziehen lassen und den Vorgang wiederholen, bis der gesamte Sirup aufgebraucht ist.

Vor dem Anschneiden noch mindestens eine halbe Stunde ruhen lassen.

ZUCCHINIKÜCHLEIN

MIT APRIKOSE

Rezeptvorschlag von
Jan Ketel, Berlin

Zubereitungszeit: 70 Minuten
Personen: 8

ZUTATEN

KÜCHLEIN

250 g	Mehl, Typ 405
10 g	Eiersatz, z.B. No Egg
8 g	Backpulver
360 ml	Schlagfix Schlagcreme universell
50 g	Zucker
100 ml	Schlagfix Rapsöl mit Buttergeschmack
300 g	Zucchini, fein gerieben
30 g	Sonnenblumenkerne, gehackt
15 g	Aprikosen, getrocknet & gehackt

APRIKOSENCREME

250 ml	Schlagfix Schlagcreme universell
10 ml	Schlagfix Rapsöl mit Buttergeschmack
100 g	Aprikosentopping

ZUBEREITUNG

KÜCHLEIN

Mehl mit Backpulver und Eiersatz (z.B. No Egg) mischen.

Die Schlagfix universelle Schlagcreme mit dem Zucker aufschlagen. Die geriebenen Zucchini mit dem Schlagfix Rapsöl mischen und unter die aufgeschlagene Schlagfixcreme heben. Zum Schluss das Mehlgemisch, die Aprikosen und Sonnenblumenkerne unterheben.

Die Zucchinimasse in kleine Muffinförmchen füllen und bei 160° C ca. 25 Minuten backen.

APRIKOSENCREME

Die Schlagfix universelle Schlagcreme aufschlagen. Dann das Schlagfix Rapsöl und das Aprikosentopping nach und nach hinzufügen.

Die fertige Aprikosencreme mit Hilfe eines Spritzbeutels gleichmäßig auf die Förmchen dressieren und nach Belieben ausgarnieren.

Es wird empfohlen, die Zucchinitörtchen aus der Backform zu lösen, in schöne bunte Papierförmchen zu stellen und erst dann die Aprikosencreme aufzuspritzen.

FRANK KNÖCHEL

Eine Institution in Thüringen und den angrenzenden Regionen, wenn es um Live- und Showkochen, kulinarisches Entertainment und hochwertige Caterings geht. Frank Knöchels Devise lautet seit Jahren: Frische, eine Prise Inspiration und eine große Portion Leidenschaft.

Der humorvolle Thüringer begann seine berufliche Karriere im damaligen Interhotel „Panorama" in Oberhof, sammelte dann zunächst in der Thüringer Gastronomie Erfahrung, bevor er sich 1991 für den Schritt in die Selbstständigkeit entschied. Seitdem liegt ihm viel daran, seine Gäste für hochwertige Grundprodukte und deren sorgfältige Zubereitung zu begeistern.

Frank Knöchel besucht das ganze Jahr über zahlreiche Kochschulen, um dort Kochkurse zu veranstalten. Außerdem bietet er über seine Firma „Eventkoch Frank Knöchel" Live- und Showkochen als besonderes Veranstaltungshighlight, aber auch Buffets und Catering an. Seit einiger Zeit ist er auch an der kulinarischen Ausrichtung des Ilmenauer Hotels „Zum Löwen" beteiligt.

Aufgrund seiner steten Neugier und dem Interesse an aktuellen gastronomischen Trends befasste sich Frank Knöchel bereits früh mit dem Verzicht auf tierische Produkte. So war es für ihn nur selbstverständlich, sich der Herausforderung zu stellen und für dieses vegane Kochbuch einige köstliche Rezepte beizusteuern.

KNÖCHELS ERBA-HÜGEL

Rezeptvorschlag von
Frank Knöchel, Ilmenau

Zubereitungszeit: 65 Minuten
Personen: 8 - 12

ZUTATEN

BODEN

350 g	Dinkelmehl, Typ 630
27 g	Backkakao
120 g	Apfelmus
100 ml	Agavendicksaft
75 g	Backpulver
100 ml	Wasser
50 ml	Schlagfix Rapsöl mit
	Buttergeschmack

FÜLLUNG

5	Bananen
200 g	Erdbeeren
400 ml	Schlagfix Schlagcreme
	gesüßt

ZUBEREITUNG

BODEN

Den Backofen auf 180° C vorheizen. Zuerst das Mehl, Backpulver und Kakao miteinander vermischen. Nun Apfelmus,
Agavendicksaft, Wasser und Schlagfix Rapsöl hinzugeben und
erneut alles gut vermixen. Die Masse in eine gefettete Springform füllen, glatt streichen und für etwa 15 Minuten backen.

Den fertigen Kuchenboden einige Zeit abkühlen lassen.
Anschließend vorsichtig einen Teil des Teiges abtragen,
sodass in der Mitte eine Kuhle entsteht. Dabei außen herum
einen Rand von zwei Zentimetern Stärke stehen lassen.

**Aber Achtung: Nicht zu viel aus der Mitte wegnehmen,
der Boden darf keine Löcher bekommen!**

Den weggenommenen Teig zerbröseln und zur Seite stellen.

FÜLLUNG

Bananen und die gewaschenen Erdbeeren in Stücke schneiden. Schlagfix gesüßte Schlagcreme aufschlagen, dann die
Bananenscheiben und Erdbeerstücke darunter heben.

Die Mischung nun auf den Kuchenboden geben und so
formen, dass ein Hügel entsteht. Den Hügel mit den
Kuchenbröseln und weiteren Erdbeerstücken garnieren.

Den Kuchen für mindestens 45 Minuten im Kühlschrank
kalt stellen.

SANDDORN-MOUSSE TORTE

Rezeptvorschlag von
Marcus Kümmel, Berlin

Zubereitungszeit: 35 Minuten
Personen: 8 – 12

ZUTATEN

BODEN

100 g	Buchweizenmehl
4 g	Flohsamenschalen
30 g	Backkakao
210 ml	Schlagfix Schlagcreme gesüßt
1 Prise	Zimt, gemahlen
1 Prise	Meersalz, fein

SANDDORN-MOUSSE

150 ml	Sanddornsaft, 100 %
500 ml	Schlagfix Schlagcreme gesüßt
5 g	Agar-Agar

KARAMELLISIERTE HASELNÜSSE

100 g	Haselnüsse, gehackt
80 g	Puderzucker
1 Prise	Meersalz, fein

DEKORATION

1 Schale	Physalis
½ Bund	Pfefferminze

ZUBEREITUNG

BODEN

Das Mehl mit dem Kakao, den Flohsamenschalen und dem Salz mischen. Die Schlagfix gesüßte Schlagcreme in eine Schüssel geben und leicht cremig schlagen. Die Buchweizenmehl-Mischung hinzugeben und zügig glatt rühren. Den klebrigen Teig gleichmäßig in einer mit Backpapier ausgekleideten Form verteilen und bei 160° C ca. 15 Minuten backen.

Auskühlen lassen.

SANDDORN-MOUSSE

Die gekühlte Schlagfix gesüßte Schlagcreme halb steif schlagen. Den Sanddornsaft in einem kleinen Topf erhitzen. Das Agar-Agar hinzugeben, aufkochen und die Masse leicht abkühlen lassen.

Einen großen Löffel von der geschlagenen Creme zum Sanddorn geben und glatt rühren. Anschließend die beiden Massen zusammen geben und ebenfalls glatt rühren.

Auf dem ausgekühlten Schokoladenboden gleichmäßig verteilen und sofort kalt stellen.

KARAMELLISIERTE HASELNÜSSE

Die Haselnüsse mit dem Salz in einer Pfanne rösten und mit Puderzucker unter ständigem Rühren abstäuben. Die Haselnüsse auskühlen lassen und auf der Torte verteilen.

VANILLE-PARFAIT
MIT JOHANNISBEEREN

Rezeptvorschlag von
Markus Hähle, Weimar

Zubereitungszeit: 75 Minuten
Personen: 4 - 6

ZUTATEN

PARFAIT

200 g	Johannisbeeren, frisch
10 g	Zucker
400 ml	Schlagfix Schlagcreme gesüßt
100 ml	Schlagfix Schlagcreme universell
50 ml	Weißwein, trocken
1	Vanilleschote
1 Prise	Meersalz, fein

FRUCHTSAUCE

50 g	Zucker
50 ml	Weißwein, trocken
500 g	Johannisbeeren, frisch
100 ml	Wasser
1 Prise	Meersalz, fein
4 cl	Kräuterlikör

PISTAZIEN-MINZ PESTO

70 g	Pistazien
1 Zweig	Minze
2 EL	Olivenöl
1 Prise	Meersalz, fein

ZUBEREITUNG

Die Johannisbeeren waschen, putzen und zur Seite stellen.

PARFAIT
Zucker in einer Kasserolle erhitzen, mit Weißwein ablöschen und 100 g Johannisbeeren zugeben. Zur Seite stellen.

Die Schlagfix Schlagcremes mit der Vanilleschote und einer Prise Salz leicht aufschlagen und in gefriergeeignete Formen gießen. Nun 100 g Johanissbeeren und den Inhalt der Kasserolle in die Formen fallen lassen und in den Gefrierschrank stellen.

FRUCHTSAUCE
Zucker in einer Kasserolle erhitzen und mit Weißwein ablöschen. Johannisbeeren, Wasser, eine Prise Salz und Kräuterlikör zugeben und bei geringer Hitze fünf Minuten köcheln lassen. Vom Herd nehmen, durch ein Sieb passieren und kaltstellen.

PISTAZIEN-MINZ PESTO
Die Pistazien grob hacken und die Minze in feine Streifen schneiden. Alle Zutaten mit dem Olivenöl und der Prise Salz vermengen.

Das Parfait auf einen Teller setzen, mit der Sauce und dem Minzpesto ausgarnieren und mit frischen Minzblättern anrichten.

SCHOKO-ORANGENKUCHEN
MIT NUSS-NOUGAT-CREME-TOPPING

Rezeptvorschlag von
Kathrin Karl, München

Zubereitungszeit: 55 Minuten
Personen: 8 - 12

ZUTATEN

KUCHEN

400 g	Mehl, Typ 405
140 g	Zucker
50 g	Kakaopulver
1 TL	Vanille, gemahlen
9 g	Backpulver
5 g	Natron
1 Prise	Meersalz, fein
200 g	vegane Schokolade
170 ml	Sojamilch
130 ml	Orangensaft
1	Bio Orange, Abrieb
130 ml	Schlagfix Schlagcreme gesüßt
80 ml	Schlagfix Rapsöl mit Buttergeschmack

TOPPING

70 ml	Schlagfix Schlagcreme universell
140 g	Schlagfix Nuss-Nougat Creme
etwas	Schlagfix Sprühcreme

ZUBEREITUNG

KUCHEN

Mehl, Zucker, Kakaopulver, Backpulver, Natron und die gemahlene Vanille in einer Schüssel vermischen. Die Schokolade klein hacken und dazugeben.

In einer weiteren Schüssel Sojamilch, Orangensaft, Orangenabrieb, gesüßte Schlagcreme und Rapsöl verrühren.

Den Backofen auf 175° C vorheizen und ein Backblech mit Öl ausstreichen.

Nun die trockenen und die flüssigen Zutaten zusammenfügen und mit einem Teigspatel vermengen (so kurz wie möglich, ein paar Klümpchen stören nicht). Die Teigmasse auf das Backblech geben und für 30 Minuten backen.

Den Kuchen aus dem Ofen holen und auskühlen lassen.

TOPPING

Die Schlagfix universelle Schlagcreme und die Nuss-Nougat Creme in einen Topf geben, schmelzen lassen und mit einem Schneebesen glatt rühren.

Das entstandene Topping über den Kuchen gießen und ggf. mit Orangenzesten oder bunten Streuseln verzieren.

Nach Belieben mit Schlagfix Sprühcreme servieren.

MOUSSE AU CHOCOLAT

Rezeptvorschlag von
Björn Moschinski, Mannheim

Zubereitungszeit: 15 Minuten
Personen: 4

ZUTATEN

150 ml	Schlagfix Schlagcreme universell
250 g	Kuvertüre, min. 70 % Kakaoanteil
75 g	Schlagfix Rapsmargarine
400 ml	Schlagfix Schlagcreme gesüßt

ZUBEREITUNG

Die Schlagfix universelle Schlagcreme zusammen mit der Schlagfix Rapsmargarine und der Kuvertüre im heißen Wasserbad schmelzen.

Anschließend die Schlagfix gesüßte Schlagcreme aufschlagen und die geschmolzene Schokolade unterheben. Fertig ist ein zart-cremiges Mousse au Chocolat.

TIPP

Sollte keine Schlagfix gesüßte Schlagcreme vorhanden sein, kann alternativ auch universelle Schlagcreme genutzt werden. Diese dann nach Wunsch mit Agavendicksaft süßen.

EISBOMBE
MIT DREIERLEI EISCREME

Rezeptvorschlag von
Marcus Hähle, Weimar

Zubereitungszeit: 30 Minuten + 6 Stunden
Personen: 6 - 8

ZUTATEN

EISBASIS

1000 ml	Schlagfix Schlagcreme gesüßt
7 g	Iota
1 Prise	Meersalz, fein

KOKOS-EIS

| 1 EL | Kokosnuss-Essenz |

JOHANNISBEER-EIS

| 250 g | Johannisbeeren, frisch |

SCHOKO-HASELNUSS-EIS

| 50 g | Schokotopping |
| 50 g | Haselnusstopping |

ZUBEREITUNG

EISBASIS FÜR ALLE SORTEN

Die Basiszutaten in einen Topf geben, kurz aufkochen und kalt stellen. Anschließend die Basis in drei Portionen teilen und mit den jeweiligen Zutaten für die entsprechende Eissorte verrühren.

EISBOMBE

Eine ausreichend große Metallschüssel in ein Gefrierfach stellen. Als erstes das Kokos-Eis in eine Eismaschine, z.B. von Gastroback, geben. Sobald das Eis fertig ist, die Metallschüssel mit dem Kokos-Eis am Rand ausstreichen.

Das Johanissbeer-Eis in die Eismaschine geben und ebenfalls am Rand über das Kokos-Eis streichen. Ebenso wird mit dem Schoko-Haselnuss-Eis verfahren. Mit dem Schoko-Haselnuss-Eis die Schüssel füllen. Die Eisbombe für ca. sechs Stunden kalt stellen.

Danach die Metallschüssel aus dem Gefrierfach nehmen und kurz in eine etwas größere Schüssel mit warmen Wasser stellen. Kurz antauen lassen und vorsichtig die Eisbombe auf eine Platte stürzen. Mit dem Schokotopping verzieren.

CARSTEN GEISS

Carsten Geiß war Küchenchef in verschiedenen Hotels und Restaurants. Er blickt auf über 20 Jahre Erfahrung in der à la Carte Küche, im Catering und der Gemeinschaftsverpflegung zurück. Seine vegane Karriere startete er im Rahmen eines Praktikums in Björn Moschinskis Restaurant Mio Matto in Berlin.

Dort entdeckte er seine Liebe zur veganen Küche. Heute bringt Carsten Geiß seine langjährige Kocherfahrung in Workshops und Seminare ein und entwickelt neue Rezepte. Er steht für individuelle Veranstaltungen zur Verfügung, um sein geballtes Wissen weiterzugeben und Appetit auf vegane Gerichte zu machen.

Gleichzeitig ist Carsten Geiß Anwendungs- und Verkaufsberater für gastronomische Betriebe in ganz Deutschland. Er pflegt ein riesiges Netzwerk und gibt sein veganes Know-How gerne an Interessierte weiter. Um die vegane Ernährungsweise weiter zu verbreiten, entdeckt und probiert er ständig neue Produkte und hat sein Ohr immer am Markt.

ABENDESSEN

LAUCHMOUSSE
MIT APFELVINAIGRETTE

Rezeptvorschlag von
Carsten Geiß, Bad Oeynhausen

Zubereitungszeit: 30 Minuten + 2 Stunden
Personen: 10

ZUTATEN

LAUCHMOUSSE

1,5 kg	Lauch, weiße Teile
750 ml	Wasser
5 TL	Agar-Agar
1 Prise	Meersalz, fein
500 g	Schlagfix Mayonnaise
1 Prise	Cayennepfeffer

APFELVINAIGRETTE

100 ml	Schlagfix Rapsöl mit Buttergeschmack
50 ml	Zitronensaft oder Weißweinessig
250 g	Äpfel
etwas	Meerrettich, frisch gerieben
1 Prise	Meersalz, fein
1 Prise	Pfeffer, schwarz

ZUBEREITUNG

LAUCHMOUSSE

Lauch putzen, waschen und in Streifen schneiden, anschließend leicht andünsten. Mit Wasser, Agar-Agar und etwas Salz und Pfeffer im geschlossenen Topf ca. 20 Minuten weich dünsten.

Danach zwei Stunden kalt stellen.

Die feste Lauchmasse mit dem Mixer fein pürieren und die Mayonnaise unterziehen.

APFELVINAIGRETTE

Mit dem Rapsöl, dem Zitronensaft oder Essig eine Vinaigrette herstellen. Die Äpfel in feine Streifen raspeln und unter die Vinaigrette mischen. Mit dem Meerrettich, Salz und Pfeffer abschmecken.

Zum Servieren die Mousse in Nocken abstechen oder in Gläschen abfüllen und mit der Apfelvinaigrette beträufeln.

KICHERERBSENBRATLING
(FALAFEL) MIT KRÄUTERDIP

Rezeptvorschlag von
Carsten Geiß, Bad Oeynhausen

Zubereitungszeit: 45 Minuten
Personen: 6 - 8

ZUTATEN

BRATLINGE

625 g	Kichererbsen, Dose
3 Zehen	Knoblauch
je 1 Bund	Petersilie, Koriandergrün
1	Chilischote
etwas	Ingwer, frisch
1 Prise	Meersalz, fein
1 Prise	Pfeffer, schwarz
300 g	Mehl, Typ 405
2 TL	Backpulver
2 TL	Kreuzkümmel
2 TL	Koriandersamen, gemörsert
	Schlagfix Rapsöl mit Buttergeschmack

DIP

250 g	Schlagfix Mayonnaise
1 Bund	Gartenkräuter, gehackt
1 Prise	Meersalz, fein
1 Prise	Pfeffer, schwarz

ZUBEREITUNG

BRATLINGE

Kichererbsen abgießen, abspülen und zu einem Mus pürieren. Anschließend die Masse halbieren.

Knoblauch, Petersilie, Koriandergrün, Ingwer und Chili mit einem Teil des Kichererbsenmus pürieren.

Diese Masse nun mit der restlichen Kichererbsenmasse vermengen und Mehl, gemörserte Koriandersamen, Kreuzkümmel, Backpulver, Salz und reichlich frisch gemahlenen Pfeffer dazugeben.

Bratlinge oder Bällchen formen und in einer Pfanne oder Fritteuse mit Schlagfix Rapsöl ausbacken.

DIP

Aus der Mayonnaise und den Kräutern mit Pfeffer und Salz einen Kräuterdip herstellen.

Zusammen mit einem Salat oder in Pitataschen gefüllt ist dies ein leckeres Hauptgericht. Mit dem Kräuterdip ist es eine pikante Vorspeise.

ZUBEREITUNG DIP

Den Apfel klein raspeln und mit allen anderen Dipzutaten verrühren. Dip in einem Salatblatt oder einer Schüssel neben den Schnecken anrichten.

PAPRIKA-SCHNECKEN
MIT PESTO & APFEL-JOGHURT DIP

Rezeptvorschlag von
Kathrin Karl, München

Zubereitungszeit: 90 Minuten + 85 Minuten
Personen: 4

ZUTATEN

FÜLLUNG

bereits am Vortag zubereiten

2-3	Paprika, geschält & in breite Streifen geschnitten
100 ml	Olivenöl
1 TL	Fleur de Sel
1 Zweig	Rosmarin
30 g	Pinienkerne

HEFETEIG

15 g	Hefe, frisch
185 ml	Wasser, warm
1 TL	Zucker
300 g	Dinkelmehl, Typ 630
1 TL	Meersalz, fein
1 EL	Olivenöl

PESTO

15 g	Walnusskerne, fein gehackt
15 g	Pinienkerne
45 g	Basilikum
15 g	Petersilie
45 ml	Schlagfix Rapsöl mit Buttergeschmack
1 TL	Meersalz, fein

ZUBEREITUNG

FÜLLUNG

Paprika auf ein mit Backpapier belegtes Backblech legen, von beiden Seiten mit Olivenöl beträufeln und mit Fleur de Sel bestreuen. Bei 200° C Ober- und Unterhitze ca. 30 Minuten grillen. In eine Schüssel geben, mit Olivenöl bedecken und einen Rosmarinzweig zugeben. Das Ganze über Nacht im Kühlschrank ziehen lassen.

HEFETEIG

Zucker und Hefe in warmem Wasser lösen und einige Minuten ruhen lassen. Mehl und Salz vermengen, Hefemischung und Olivenöl zugeben und mindestens fünf Minuten verkneten. Falls der Teig noch klebrig ist, etwas Mehl zugeben. Der Teig sollte sich gerade so von der Schüssel lösen. Mit einem feuchtem Tuch bedecken und bei Raumtemperatur etwa 60 Minuten gehen lassen, bis sich das Volumen des Teiges verdoppelt hat.

PESTO

Die Kerne ohne Fett in der Pfanne rösten und auskühlen lassen. Alle Zutaten in einem Mixer fein pürieren.

ZUSAMMENFÜGEN

Hefeteig etwa einen halben Zentimeter dick rechteckig ausrollen, mit Pesto bestreichen, Paprika belegen, Pinienkernen bestreuen und zu einer Roulade einrollen. Fünf Zentimeter breite Schnecken abschneiden und auf ein mit Backpapier belegtes Backblech legen. Bei 210° C Ober-/Unterhitze ca. 25 Minuten backen.

SPARGEL-PFIRSICH SALAT
MIT REIBEKUCHEN & ESTRAGON-MAYONNAISE

Rezeptvorschlag von
Frank Knöchel, Ilmenau

Zubereitungszeit: 35 Minuten
Personen: 4

ZUTATEN

SPARGEL-PFIRSICH SALAT

350 g	Spargel, weiß
350 g	Spargel, grün
1 Prise	Zucker
3	Pfirsiche, reif
50 g	Knoblauchrauke
50 g	Babyspinat
½ Bund	Schnittlauch
50 ml	Weißweinessig
20 g	Feigensenf
10 ml	Ahornsirup
20 ml	Schlagfix Rapsöl mit Buttergeschmack
1 TL	Bergkristallsalz, fein
40 g	Pinienkerne

REIBEKUCHEN

800 g	Kartoffeln, mehlig kochend & grob gerieben
40 g	Dinkelmehl, Typ 630
100 g	Schalotten, fein gewürfelt
1 TL	Bergkristallsalz, fein
1 Prise	Pfeffer, schwarz
1 Prise	Muskatnuss, gerieben
150 ml	Schlagfix Rapsöl mit Buttergeschmack

ZUBEREITUNG

SPARGEL-PFIRSICH SALAT

Den Spargel schälen, die holzigen Enden abschneiden und ihn dann mit einer Prise Zucker etwa zehn Minuten in Salzwasser bissfest garen. Die Pfirsiche waschen, entkernen und in Spalten schneiden. Spinat und Knoblauchrauke waschen und abtropfen lassen. Schnittlauch ebenfalls waschen und in Röllchen schneiden.

Den Spargel aus dem Wasser nehmen und in Stücke schneiden. Etwas Schlagfix Rapsöl in eine Pfanne geben und die Pfirsichspalten sowie den Spargel unter Wenden etwa zwei Minuten braten.

Für die Vinaigrette Essig, Senf und Ahornsirup mischen und mit Salz und Pfeffer abschmecken. Schlagfix Rapsöl darunter geben und nochmals abschmecken. Alle Zutaten mit der Vinaigrette vermengen und anrichten.

REIBEKUCHEN

Die geriebenen Kartoffeln in einer Schüssel mit Salz, Pfeffer, den Schalotten und der Muskatnuss würzen.

Das Dinkelmehl zur Rohmasse für die Reibekuchen geben. Alles gut vermengen und zur Seite stellen. Öl in einer Pfanne erhitzen. Mit einem Löffel die gewünschte Portionsgröße der Kartoffelmasse entnehmen und in die Pfanne geben.

Nach ca. zwei bis drei Minuten die Reibekuchen wenden und von der anderen Seite ausbacken.

Abendessen

BJÖRN MOSCHINSKI

„Geiler" Geschmack braucht kein Fleisch – dieses Motto vermittelt Björn Moschinski den Menschen bei seiner täglichen Arbeit in Workshops, Kochkursen und Schulungen.

Als Experte für gesunde, nachhaltige Ernährung und Gemeinschaftsverpflegung zeigt er schon lange, wie eine vegane Lebensweise ohne Verzicht und mit Hochgenuss funktioniert – auch in Großküchen.

Gerade dort herrscht häufig eine Ess- und Kochkultur, die jenseits von rein pflanzlich arbeitet und selten nachhaltig ist. Deshalb schult er in Kooperation mit der Albert Schweizer Stiftung unter anderem Kollegen in Kantinen, Uni-Mensen und Betriebsrestaurants.

Gemeinsam mit dem jeweiligen Team vor Ort entwickelt er neue Rezepte und macht so eine gesunde, pflanzliche Ernährung für alle möglich.

Dass er heute seine Erfahrungen und sein Know-how als Vegan-Koch mit anderen teilt, verdankt er vor allem dem Umstand, dass ihm zunächst niemand glauben wollte, wie schmackhaft veganes Essen sein kann.

WALDORF SALAT

Rezeptvorschlag von
Marcus Kümmel, Berlin

Zubereitungszeit: 25 Minuten
Personen: 6

ZUTATEN

SAUCE

250 g	Knollensellerie
250 g	Äpfel
80 g	Walnusskerne
½ Bund	Petersilie
200 g	Schlagfix Mayonnaise
1 Prise	Meersalz, fein

GARNITUR

1 Prise	Pfeffer, schwarz
	Preiselbeeren,
	Taubnessel

ZUBEREITUNG

Die Sellerieknolle waschen und schälen. Die Äpfel und Petersilie waschen. Sellerie und Äpfel mit einer Küchenmaschine in feine Streifen hobeln.

Walnusskerne und Petersilie mit einer Küchenmaschine häckseln. Sellerie, Äpfel, gehackte Petersilie und Walnüsse in eine Schüssel geben, mit Salz leicht würzen und vermengen.

Danach die Mayonnaise hinzugeben und abermals vermengen.

Mit einem Anrichtering auf einem Teller drapieren, mit der Taubnessel, den Preiselbeeren und Pfeffer ausgarnieren.

„DIE GRÖSSE UND DEN MORALISCHEN FORTSCHRITT EINER NATION KANN MAN DARAN MESSEN, WIE SIE DIE TIERE BEHANDELT."

MAHATMA GANDHI

TARTAR VON ROTER BETE

Rezeptvorschlag von
Marcus Kümmel, Berlin

Zubereitungszeit: 20 Minuten
Personen: 4

ZUTATEN

300 g	Rote Bete, gekocht & geschält
50 g	Zwiebeln, rot
40 g	Walnusskerne
50 g	Gewürzgurken
1	Bio Zitrone, Abrieb
10 g	Kapern
½ Bund	Petersilie
150 ml	Schlagfix Mayonnaise
1 Msp.	Pfeffer, weiß
1 Msp.	Paprika, edelsüß
1 Prise	Meersalz, fein

ZUBEREITUNG

Rote Bete, Zwiebeln und Gewürzgurken fein würfeln.
Kapern, Petersilie und Walnusskerne hacken.

Danach alle Zutaten in einer Schüssel vermengen und würzen.
Das Tartar mit Zitronenabrieb verfeinern.

Dazu passt am besten ein frisch gebackenes Mischbrot.

„ES WIRD DIE ZEIT KOMMEN, IN WELCHER WIR DAS ESSEN VON TIEREN EBENSO VERURTEILEN, WIE WIR HEUTE DAS ESSEN VON UNSERESGLEICHEN, DIE MENSCHENFRESSEREI, VERURTEILEN."

LEONARDO DA VINCI

GEFÜLLTE PAPRIKA
AN ZUCCHINI-TOMATEN RAGOUT

Rezeptvorschlag von
Markus Hähle, Weimar

Zubereitungszeit: 45 Minuten
Personen: 3

ZUTATEN

PAPRIKA

3	Paprika, rot
300 ml	Wasser
75 g	Quinoa
3 Blätter	Salbei
3 TL	Meersalz, fein
3	Tomaten
30 g	Kürbiskerne
1 Prise	Pfeffer, schwarz grob
1	Zwiebel, rot

RAGOUT

350 g	Zucchini
200 g	Zwiebeln
500 g	Tomaten
1 Zweig	Rosmarin
1 Zweig	Thymian
1	Peperoni
2 Zehen	Knoblauch, fein gehackt
200 ml	Schlagfix Schlagcreme universell
100 ml	Schlagfix Rapsöl mit Buttergeschmack
100 ml	Weißwein, trocken
15 g	Zucker
1 Prise	Meersalz, fein

ZUBEREITUNG

PAPRIKA

Die Kürbiskerne rösten und hacken. Anschließend die Tomate blanchieren, häuten und würfeln. Den Salbei in Streifen schneiden und die rote Zwiebel fein würfeln. Kürbiskerne, Tomaten und die geschnittenen Salbeiblätter vermengen.

Mit Salz und Pfeffer würzen, mit dem Quinoa vermengen und in die Paprikaschoten geben. Das Wasser in die Paprika gießen und im Backofen bei 160° C 30 Minuten backen.

RAGOUT

Die Zwiebeln schälen und in Streifen schneiden. Die Tomaten blanchieren und häuten. Thymian und Rosmarin hacken, die Peperoni in Ringe schneiden. Die Zucchini halbieren und in feine Spalten schneiden.

Das Öl in einem Topf erhitzen, die Zwiebeln, den gehackten Rosmarin, Thymian, Peperoni und den Knoblauch anschwitzen. Salz und Zucker hinzufügen, bis sie leicht Farbe annehmen, mit Weißwein ablöschen und verkochen lassen.

Die Zucchini und Tomaten hinzugeben und bei mittlerer Hitze zwei Minuten leicht köcheln lassen. Nun die Schlagfix universelle Schlagcreme hinzugeben, nochmals aufkochen und abschmecken.

Ragout mit gefüllten Paprika anrichten und servieren.

ZUBEREITUNG ZWIEBELSALAT

Die Zwiebeln schälen und in feine Ringe schneiden. Die Petersilie hacken und anschließend unter die Zwiebelringe heben. Den Saft der halben Zitrone, das Sumak, Olivenöl und Salz hinzufügen.

ZUTATEN ZITRUS-SPARGEL

800 g	Spargel, geschält
1	Bio Zitrone, Saft & Abrieb
1	Bio Orange, Saft & Abrieb
1	Bio Limette, Saft & Abrieb
30 ml	Schlagfix Rapsöl mit Buttergeschmack
8 g	Meersalz, fein
25 g	Zucker

GEPFEFFERTER „LACHS"
AN ERBSPÜREE & ZITRUS-SPARGEL

Rezeptvorschlag von
Marcus Kümmel, Berlin

Zubereitungszeit: 20 Minuten
Personen: 4

ZUTATEN

LACHS

600 g	Veggie „Lachsfilet"
½ TL	Pfeffer, schwarz & geschrotet
½ Bund	Thymian
60 ml	Schlagfix Rapsöl mit Buttergeschmack
50 ml	Weißwein, trocken
4 Zehen	Knoblauch, ganz mit Schale
1 Prise	Rohrzucker, braun
1 Prise	Meersalz, fein

ERBSPÜREE

600 g	Erbsen
20 ml	Schlagfix Rapsöl mit Buttergeschmack
100 g	Zwiebel, gewürfelt
150 ml	Schlagfix Schlagcreme universell
½ Bund	Dill
1 Zweig	Minze
1 Prise	Meersalz, fein
1 Prise	Muskatnuss, gerieben

ZUBEREITUNG

LACHS

Das Öl mit Pfeffer, Thymian, Weißwein, Knoblauch, Zucker und Salz zu einer Marinade verrühren. Das „Vantastic Foods Lachsfilet" in einen Bräter geben und mit der Marinade übergießen. Bei 160° C Umluft und geschlossenem Deckel ca. 35 Minuten backen.

ERBSPÜREE

Die Zwiebel mit dem Schlagfix Rapsöl goldgelb anschwitzen und mit Schlagfix universeller Schlagcreme ablöschen. Die Erbsen, Salz und Muskatnuss hinzugeben und einmal aufkochen lassen.

Den Dill und die Minze zupfen. Alle Zutaten zusammen in eine Küchenmaschine geben und fein pürieren.

ZITRUS-SPARGEL

Saft und Abrieb der Zitrusfrüchte mit Salz, Zucker und dem Schlagfix Rapsöl mischen. Den Spargel 12 Minuten dämpfen und mit der Marinade übergießen.

VEGANES STEAK
AN RAHMPAPRIKA & FEIGEN-COUSCOUS

Rezeptvorschlag von
Marcus Kümmel, Berlin

Zubereitungszeit: 40 Minuten
Personen: 4

ZUTATEN

STEAK

350 g	veggyness Steaks
4 Zehen	Knoblauch
4 Zweige	Thymian
1 TL	Kaffee, frisch gemahlen
½ Stück	Limette, in Scheiben
1	Chilischote
20 ml	Schlagfix Rapsöl mit Buttergeschmack

PAPRIKA

450 g	Paprika, rot
100 g	Zwiebeln, in Streifen
15 g	Paprikapulver, geräuchert
1 Msp.	Paprikapulver, scharf
30 ml	Schlagfix Rapsöl mit Buttergeschmack
2 Zweige	Rosmarin
1 TL	Tomatenmark
80 ml	Weißwein, trocken
200 ml	Schlagfix Schlagcreme universell
1 Prise	Meersalz, fein

ZUBEREITUNG

STEAK

Das Schlagfix Rapsöl in einer Grillpfanne erhitzen, die „veggyness Steaks" mit dem Thymian, Knoblauch, Chili und der Limette bei mittlerer Hitze braten. Kurz vor Ende der Bratzeit mit dem gemahlenen Kaffee bestäuben.

PAPRIKA

Paprika in Rauten schneiden. Paprika, Zwiebeln und Rosmarin im Schlagfix Rapsöl andünsten, mit Paprikapulver abstäuben und mit Weißwein ablöschen.

Wenn der Weißwein verkocht ist, mit Schlagfix universeller Schlagcreme aufgießen und fünf Minuten leicht köcheln lassen. Das Tomatenmark hinzugeben und mit Meersalz würzen.

COUSCOUS

Das Rapsöl in einem Topf erhitzen. Fenchel, Ingwer, Feigen und Knoblauch hinzugeben und goldgelb dünsten. Die Gewürze und den Thymian mit einrühren und alles kurz anrösten.

Den Couscous hinzufügen und mit Schlagfix universeller Schlagcreme und Gemüsebrühe auffüllen. Wenn der Couscous fertig gegart ist, mit Zitrone und Salz fertig abschmecken.

ZUTATEN COUSCOUS

200 g	Couscous
80 g	Feigen, getrocknet & grob gewürfelt
100 g	Fenchel, klein gewürfelt
10 g	Ingwer, fein gewürfelt
1 Zehe	Knoblauch, fein gewürfelt
2 g	Kalunji (schwarze Zwiebelsaat)
4 g	Koriandersaat, geschrotet
2 g	Kreuzkümmel, gemahlen
2 Zweige	Thymian, gezupft
40 ml	Schlagfix Rapsöl mit Buttergeschmack
200 ml	Gemüsebrühe
200 ml	Schlagfix Schlagcreme universell
½	Zitrone, Saft
1 Prise	Meersalz, fein

ZUTATEN MAJORAN-RAHM

300 g	Äpfel
100 ml	Schlagfix Schlagcreme universell
80 g	Zwiebeln
1 Zehe	Knoblauch, frisch
40 ml	Weißwein, trocken
30 ml	Schlagfix Rapsöl mit Buttergeschmack
1 Bund	Majoran, frisch
etwas	Pfeffer, geschrotet
1 Prise	Meersalz, fein

ZUBEREITUNG

Zwiebeln und Knoblauch schälen und in Streifen schneiden, in Schlagfix Rapsöl anschwitzen, mit dem Weißwein ablöschen und reduzieren lassen. Die Äpfel waschen und in Spalten schneiden, mit der Schlagfix Schlagcreme und dem Pfeffer zu den Zwiebeln geben, leicht köcheln lassen. Den Majoran waschen, zupfen und hacken. Mit Majoran und Salz würzen.

SENF-ZWIEBEL FILET
AN KARTOFFELSTAMPF & MAJORAN-RAHM ÄPFELN

Rezeptvorschlag von
Marcus Kümmel, Berlin

Zubereitungszeit: 30 Minuten
Personen: 4

ZUTATEN

FILET

4 Stück	Veggie Hähnchenfilet
50 ml	Schlagfix Rapsöl mit Buttergeschmack
150 g	Zwiebeln, in feinen Streifen
80 g	Senf, grobkörnig
80 g	Panko Paniermehl
½ Bund	Thymian, gezupft
1 Prise	Meersalz, fein
1 Prise	Pfeffer, schwarz

PANADE

200 g	Panko Paniermehl
100 g	Dinkelmehl, Typ 630
100 ml	Wasser
1 TL	Backpulver
1 Prise	Meersalz, fein
200 ml	Schlagfix Rapsöl mit Buttergeschmack

KARTOFFELSTAMPF

600 g	Kartoffeln, mehlig
100 ml	Schlagfix Schlagcreme universell
80 ml	Schlagfix Rapsöl mit Buttergeschmack
1 Prise	Meersalz, fein
1 Prise	Muskatnuss, gerieben

ZUBEREITUNG

FILET
Die Zwiebeln im Schlagfix Rapsöl goldgelb anschwitzen, Senf und Thymian hinzugeben, drei Minuten leicht köcheln lassen.

Das Panko-Paniermehl unterheben, mit Pfeffer und Salz würzen. In die „Vantastic Foods Hähnchenfilets" Taschen einschneiden und mit der Zwiebel-Senf Masse füllen.

PANADE
Dinkelmehl und Backpulver mischen, das Wasser hinzugeben und in einer Schüssel glatt rühren, mit Salz würzen.

Die gefüllten Filets in die Masse tunken und im Paniermehl wälzen. Die Filets in Schlagfix Rapsöl goldgelb ausbacken.

KARTOFFELSTAMPF
Die Kartoffeln schälen, kochen und abgießen.
Schlagfix universelle Schlagcreme und das Schlagfix Rapsöl hinzugeben, mit dem Kartoffelstampfer gut durchstampfen und mit Salz und Muskatnuss würzen.

MARKUS HÄHLE

Markus ist Koch aus Leidenschaft und Berufung. Seit mehr als 10 Jahren arbeitet er in den unterschiedlichsten gastronomischen Einrichtungen. Dabei erfindet er sich immer wieder neu, ob als Koch im orientalischen Restaurant oder in der mediterranen Küche. Er saugt alle Einflüsse auf und kombiniert sie so geschickt miteinander, dass die Ergebnisse oft einzigartig sind.

Jeden Tag experimentiert er mit Zutaten und der Art der Zubereitung. Seit 2015 ist Markus Koch im rein veganen Bistro & Café Gartenliebe in Weimar, anfangs eine seiner größten Herausforderungen, wie er selbst sagt. Es ist fast so, als hätte er eine neue Welt entdeckt.

Vegan zu kochen, war ihm bis dahin unbekannt. Unter der Anleitung von Marcus Kümmel und den Einflüssen des Inhabers hat er sich in nur einem Jahr zum Küchenchef entwickelt. Heute lebt und liebt er die vegane Küche, als hätte er nie etwas anderes gemacht.

Seine Kreationen können sich ohne Zweifel mit denen anderer erstklassiger Köche messen lassen. Markus Hähle wird die vegane Landschaft in Deutschland auch in Zukunft bereichern. Man wird sicher noch Einiges von ihm hören, lesen und vor allem zu essen bekommen.

.

QUINOA-LINSEN WAFFELN

Rezeptvorschlag von
Kathrin Karl, München

Zubereitungszeit: 40 Minuten + 30 Minuten
Personen: 4 - 6

ZUTATEN

WAFFELN

100 g	Quinoa
100 g	Linsen, rot
400 ml	Wasser
20 g	Leinsamen
20 g	Petersilie, frisch
20 g	Koriander, frisch
100 g	Pilze
20 g	Senf, scharf
1 EL	Speisestärke
½ TL	Kurkuma
1 Prise	Vanille
1 TL	Meersalz, fein
	Schlagfix Rapsöl mit Buttergeschmack

BELAG

10 g	Sesam
1	Avocado
4-5	Champignons
50 g	Sprossen
1 EL	Olivenöl
1 EL	Zitronensaft

ZUBEREITUNG

WAFFELN

Quinoa waschen und mit den roten Linsen einmal in Wasser aufkochen lassen. Anschließend auf niedriger Stufe solange köcheln lassen, bis das Wasser komplett aufgesogen ist.

Deckel abnehmen und unter gelegentlichem Rühren ausdampfen lassen. Leinsamen in ein hohes Gefäß einwiegen und mit dem Mixstab fein schroten.

Petersilie, Koriander und Pilze fein hacken. Alle Zutaten für die Waffeln in einer ausreichend großen Schüssel mit den Händen gut vermengen. Etwa die Hälfte der Masse mit dem Mixstab fein pürieren und nochmals gut mit den Händen vermengen. Eine halbe Stunde abgedeckt ziehen lassen.

Waffeleisen mit Schlagfix Rapsöl auspinseln, erhitzen und Waffelteig zugeben. So lange backen, bis die Waffeln außen schön knusprig sind.

BELAG

Sesam ohne Fett in einer Pfanne rösten. Avocodo in Streifen schneiden und mit Zitronensaft beträufeln.

Waffeln mit Avocado, in Scheiben geschnittenen Champignons und Sprossen anrichten. Mit dem gerösteten Sesam bestreuen und mit einer Mischung aus Olivenöl und Zitronensaft beträufeln.

CARPACCIO
MIT BÄRLAUCH-MAYONNAISE & TOMATE

Rezeptvorschlag von
Marcus Kümmel, Berlin

Zubereitungszeit: 25 Minuten
Personen: 6

ZUTATEN

CARPACCIO

400 g	Bio Veggie Carpaccio
30 ml	Balsamico, weiß
40 ml	Schlagfix Rapsöl mit Buttergeschmack
4 g	Senf, mittelscharf
40 g	Zwiebeln, rot & fein gewürfelt
1 Prise	Meersalz, fein

BÄRLAUCH-MAYONNAISE

80 g	Schlagfix Mayonnaise
30 g	Bärlauchpesto

TOMATE

200 g	Kirschtomaten
120 g	Wildkräutersalat

ZUBEREITUNG

CARPACCIO

Balsamico, Schlagfix Rapsöl, Senf, rote Zwiebelwürfel und Meersalz zusammen in eine Schüssel geben und mit Hilfe eines Schneebesens gut vermischen.

Über dem „Vantastic Foods Bio Veggie Carpaccio" verteilen und es marinieren.

BÄRLAUCH-MAYONNAISE

Beide Zutaten gut vermischen.

TOMATE

Die Tomaten und den Wildkräutersalat gut waschen und entsprechend portionieren.

Alles zusammen anrichten und genießen.

COCKTAILS, DRINKS & SMOOTHIES

ROTER SMOOTHIE

ZUTATEN

60 ml	Schlagfix Schlagcreme gesüßt
35 g	Erdbeertopping
150 g	Beeren, frisch oder TK
2 Blatt	Minze, frisch
70 ml	Wasser
½	Limette, Saft
1 Msp.	grüner Tee

ZUBEREITUNG

Alle Zutaten in einen Blender (Standmixer) geben und kräftig mixen.

ERDBEER-BASILIKUM DRINK

ZUTATEN

200 ml	Pflanzenmilch
50 g	Banane
8 g	Hanfsamen
1 Zweig	Basilikum, frisch
25 g	Erdbeertopping

ZUBEREITUNG

Alle Zutaten in einen Blender (Standmixer) geben und kräftig mixen. Es geht auch ein Pürierstab, jedoch sollte der eine gute Leistung haben.

GRÜNER SMOOTHIE

ZUTATEN

2 Blatt	Kohlrabigrün
40 g	Kohlrabi
50 g	Avocado
1 Msp.	Ingwer
90 g	Apfel
15 g	Datteln
25 ml	Aprikosentopping
½	Zitrone, Saft
100 g	Eiswürfel

ZUBEREITUNG

Alle Zutaten in einen Blender (Standmixer) geben und nur kurz durchmixen, da der Smoothie sonst bitter und bräunlich wird.

MARIAN GROSCH

Aufgewachsen in einem beschaulichem Dorf im Thüringer Wald, führte Marian Groschs Weg 1998 in die Gastronomie. In dem bekannten Wintersportort Masserberg absolvierte er seine Ausbildung zum Restaurant-Fachmann in einem 4-Sterne-Hotel.

Nach bestandener Abschlussprüfung zog es ihn in die große, weite Welt. Zuerst nach Frankreich, dem Land, in dem angeblich das Essen und Trinken erfunden wurde. Hier legte er die französische Restaurant-Fachprüfung ab und lernte in einem renommierten 5-Sterne-Hotel das „savoir-vivre" kennen und lieben.

Nach seiner Ausbildung zum Barkeeper in Rostock, lebte er von 2004 bis 2011 in der Schweiz. Hier war er als Restaurantleiter, Barchef und Chef de Service in verschiedenen Ferien- und Businesshotels tätig - immer wieder unterbrochen durch Studienreisen in unbekannte kulinarische Welten, um sich z. B. durch die irische Küche inspirieren zu lassen.

Heute ist er mit seiner gastronomischen Erfahrung selbstständig, europaweit unterwegs und nun auch mit seinem Unternehmen wieder in Deutschland zu Hause.

„DAS BESTE
FLEISCH IST
IMMER NOCH
FRUCHTFLEISCH."

ANDREAS MICHALSEN

BLOODY SMOOTHIE

Rezeptvorschlag von
Marcus Kümmel, Berlin

Zubereitungszeit:　　5 Minuten
Personen:　　　　　　2 - 3

ZUTATEN

200 g	Rote Bete
200 g	Erdbeeren
200 g	Äpfel, Granny Smith
100 ml	Apfelsaft, 100 % Frucht
100 ml	Erdbeersaft, 100 % Frucht
100 g	Mandeljoghurt
etwas	Ingwer, frisch
1 Prise	Nelken, gemahlen
½	Zitrone, Saft
1 Prise	Zimt, gemahlen
1 Prise	Meersalz, fein
200 ml	Schlagfix Schlagcreme gesüßt

ZUBEREITUNG

Die rote Bete waschen, schälen und grob würfeln.
Die Äpfel ebenfalls waschen, vierteln und das Kerngehäuse
entfernen. Anschließend die Zitrone entsaften.

Alle Zutaten in einen Blender (Mixer) geben und fein
pürieren. Abschließend die Schlagfix gesüßte Schlagcreme
hinzugeben und abermals kurz mixen.

Mit Erdbeeren und Minze garnieren.

Rezeptvorschläge von
Marian Grosch, Gräfinau-Angstedt

EISKAFFEE EXOTIC

ZUTATEN

10 cl	kalter Kaffee
2 cl	Ananassaft
1 Kugel	Vanilleeis
5 cl	Schlagfix Schlagcreme gesüßt
	Mangotopping
	Schlagfix Sprühcreme

ZUBEREITUNG

Alle Zutaten im Shaker gut schütteln
und in ein Glas abseihen.

Mit Schlagfix Sprühcreme und Mangotopping
garnieren.

43 TROPIC

ZUTATEN

10 cl	Maracujasaft
2 cl	Zitronensaft
2 cl	Blue Curacao
4 cl	Likör 43
2 cl	Schlagfix Schlagcreme
	universell

ZUBEREITUNG

Alle Zutaten im Shaker gut schütteln und in ein
Glas abseihen.
Garnitur: Mit Kiwi und Ananas garnieren

Cocktails, Drinks & Smoothies

Zubereitungszeit: jeweils 5 Minuten
Personen: 1

NUSS-NOUGAT EIS-COCKTAIL

ZUTATEN

2 Kugeln	Vanilleeis
250 ml	Reismilch
50 g	Schlagfix Nuss-Nougat Creme
50 g	Walnüsse
2 TL	Zucker
	Schlagfix Sprühcreme
	Haselnusstopping

ZUBEREITUNG

Walnüsse mit dem Zucker karamelisieren.
Vanilleeis, Reismilch und Nuss-Nougat Creme
mit Eiswürfeln gut mischen. Mit Schlagfix
Sprühcreme, Haselnusstopping und den Wal-
nüssen garnieren.

43 STRAWBERRY

ZUTATEN

10 cl	Maracujasaft
2 cl	Schlagfix Schlagcreme universell
3 cl	Likör 43
2 cl	Vodka
	Erdbeertopping
	Erdbeeren

ZUBEREITUNG

Alle Zutaten im Shaker kräftig mischen und mit
Erdbeeren toppen. Etwa 8 cl Erdbeertopping im
Cocktail versenken.

Cocktails, Drinks & Smoothies

IMOGTI MANGOLASSI

Rezeptvorschlag von
Björn Moschinski, Mannheim

Zubereitungszeit: 10 Minuten
Personen: 6

ZUTATEN

MANGOLASSI

850 g	Mangopüree
500 g	Sojajoghurt, natur
500 ml	Wasser

MATCHASAHNE

200 ml	Schlagfix Schlagcreme universell
30 ml	Agavendicksaft
1 TL	Imogti Matcha
50 ml	Wasser

ZUBEREITUNG

MANGOLASSI

Alle Zutaten in einem Mixer mixen und kalt stellen.

MATCHASAHNE

Den Matcha in 50 ml 80° C heißem Wasser mit einem Bambusbesen einrühren. Den Agavendicksaft hinzugeben.

Den so gesüßten Matcha anschließend mit der Schlagfix Schlagcreme in einen geeigneten Sahnespender füllen und zwei Sahnekapseln einfüllen. Kurz und kräftig schütteln.

Die Schlagfix Schlagcreme kann nun auf den erkalteten Mangolassi gesprüht und serviert werden.

„DIE MENSCHHEIT STEHT SCHON TIEF IN DER SCHULD DES TIERREICHS, DESSEN ANGEHÖRIGE SIE GEQUÄLT UND VERNICHTET HAT."

DR. EDWARD BACH

„GRÜNE AUSZEIT"

Rezeptvorschlag von
Frank Knöchel, Ilmenau

Zubereitungszeit: 10 Minuten
Personen: 1

ZUTATEN

1	Banane
15 g	Schlagfix Nuss-Nougat Creme
10 g	Giersch
10 g	Spitzwegerich
10 g	Vogelmiere
1	Bio Orange
1 Prise	Zimt, gemahlen
2 EL	Schlagfix Schlagcreme universell
100 ml	Mineralwasser
	Garnitur nach Wahl

ZUBEREITUNG

Banane und Wiesenkräuter etwas zerkleinern.

Orange in Stücke schneiden. Anschließend alle Zutaten zusammen in einen Standmixer geben (alternativ dazu geht auch ein leistungsfähiger Pürierstab) und kurz durchmixen.

GRÜNE SMOOTHIES SIND POWER-DRINKS DIREKT AUS DER NATUR. DIE KOMBINATION AUS GRÜNEN BLÄTTERN UND SÜßEN FRÜCHTEN ENTHÄLT VIELFÄLTIGE VITALSTOFFE UND SORGT FÜR KÖRPERLICHES WOHLBEFINDEN, AUSGEGLICHENHEIT UND KLARHEIT.

KINDERLEICHT

SCHMETTERLINGSNUDELN
IN CREMIGER SCHINKENSAUCE

Rezeptvorschlag von
Anastasia, Billroda

Zubereitungszeit: 35 Minuten
Personen: 4

ZUTATEN

400 g	Hartweizen Schmetterlingsnudeln
8 g	Meersalz, grob für das Nudelwasser
50 ml	Schlagfix Rapsöl mit Buttergeschmack
1 Zehe	Knoblauch, gehackt
200 g	Zwiebeln, in Streifen
360 g	Veggie „Kochschinken", in Streifen
400 ml	Schlagfix Schlagcreme universell
10 g	Dinkelmehl, Typ 630
1 Prise	Meersalz, fein
60 g	Veggie Streukäse

ZUBEREITUNG

Die Schmetterlingsnudeln in gesalzenem, sprudelndem Wasser gar kochen. Das Schlagfix Rapsöl mit den Zwiebelstreifen und dem Knoblauch in einen Topf geben und mit geschlossenem Deckel glasig anschwitzen.

Wenn die Zwiebeln glasig bis goldgelb gedünstet sind, mit dem Mehl abstäuben und kurz mitrösten.

Die Zwiebelmasse mit der Schlagfix universellen Schlagcreme ablöschen und unter ständigem Rühren zum Kochen bringen.

Den „Vantastic Food Veggie Kochschinken" hinzugeben und abermals fünf Minuten köcheln lassen. Die Nudeln abgießen, zu der Sahnesauce geben und durchmengen.

Den „Vantastic Foods Grattugiato Streukäse" in einer separaten Schale dazureichen.

ANASTASIA & HANNAH

Im Kapitel „Kinderleicht" stellen euch Anastasia und Hannah Rezeptideen vor, die wirklich jeder ohne großen Aufwand zubereiten kann. Schnell und einfach, sind sie ein geschmacklicher Hochgenuss. Anastasia und Hannah sind beide begeisterte Köchinnen und verwöhnen selbst bereits regelmäßig Familie und Freunde mit ihren veganen Kreationen.

Wenn Anastasia nicht gerade in der elterlichen Küche an neuen Rezepten tüftelt, kümmert sie sich um ihren Hund und ihr Pony.

Klar, dass ihr deshalb auch der Tierschutz sehr am Herzen liegt.

„Das Gewissen isst mit. Und wenn Tiere nicht mehr leiden müssen, schmeckt's gleich doppelt gut", bringt es die Jungköchin auf den Punkt.

Ist die Schule aus, schnappt sich Hannah gerne einen Korb und sammelt auf Spaziergängen frische Kräuter, die sie fast schon blind erkennt. Da passt es gut, dass sie gleich neben einem veganen Restaurant wohnt, wo sie ihre Ernte gerne mit dem Chefkoch teilt.

Im Gegenzug gibt dieser liebend gern sein Wissen an die junge Kräuterfee weiter. Mit den so erworbenen Kochkünsten konnte sie bereits ihre Eltern von einer veganen Ernährung überzeugen.

GEKOCHTER HAFER
MIT BANANE & KIRSCHE

Rezeptvorschlag von
Anastasia, Billroda

Zubereitungszeit: 15 Minuten
Personen: 3 - 4

ZUTATEN

HAFER

150 g	Haferflocken
400 ml	Hafermilch
150 ml	Schlagfix Schlagcreme gesüßt
1 Prise	Meersalz, fein
2	Bananen
1 Prise	Zimt, gemahlen

SCHLAGCREME

150 g	Sauerkirschen, entkernt
150 ml	Schlagfix Schlagcreme gesüßt

ZUBEREITUNG

HAFER

Die Hafermilch, Salz und Schlagfix gesüßte Schlagcreme in einen Topf geben und erhitzen. Wenn es sprudelt, die Haferflocken hinzugeben und gar köcheln.

Die Bananen schälen und in Würfel schneiden, mit dem Zimt mischen und unter die Haferflocken heben.

In Schüsseln abfüllen.

SCHLAGCREME

Die Schlagfix gesüßte Schlagcreme aufschlagen und anschließend die Sauerkirschen unterheben.

MILCHREISTORTE
AN APFEL-ZIMT KOMPOTT

Rezeptvorschlag von
Anastasia, Billroda

Zubereitungszeit: 40 Minuten + 2 Stunden
Personen: 8 - 12

ZUTATEN

TORTE

500 ml	Reismilch
130 g	Milchreis (Rundkornreis)
4 g	Ingwer, frisch
1	Vanilleschote
½	Bio Limette, Abrieb
4 g	Agar-Agar
10 ml	Schlagfix Rapsöl mit Buttergeschmack
300 ml	Schlagfix Schlagcreme gesüßt
1 Prise	Meersalz, fein

APFELKOMPOTT

3	Äpfel, gewürfelt
40 g	Zucker
20 ml	Traubensaft, weiß
1 Prise	Zimt, gemahlen

ZUBEREITUNG

TORTE

Die Reismilch und den Reis in einen Topf geben. Ingwer in feine Würfel schneiden, die Schale der Limette abraspeln, die Vanilleschote halbieren und auskratzen. Alles zusammen in den Topf geben und bei geringer Hitze unter ständigem Rühren gar köcheln.

Das Agar-Agar in die noch köchelnde Masse geben und gut verrühren. Leicht abkühlen lassen. Das Schlagfix Rapsöl hinzugeben und gut vermengen.

Die gekühlte Schlagfix gesüßte Schlagcreme aufschlagen und vorsichtig unter den temperierten Milchreis heben. Sofort in eine mit Backpapier ausgekleidete Springform füllen und für mindestens zwei Stunden kalt stellen.

Danach die Springform entfernen. Den Milchreis mit dem kalten Apfelkompott übergießen.

APFELKOMPOTT

Die Äpfel waschen, vierteln, vom Kerngehäuse befreien und in grobe Würfel schneiden. Den Zucker in einen Topf geben, bei geringer Hitze leicht karamellisieren lassen und mit dem Traubensaft ablöschen. Apfel würfel und Zimt hinzugeben und fünf Minuten köcheln lassen.

Kinderleicht

MAULWURFSHÜGEL
MIT BANANE & SCHOKO

Rezeptvorschlag von
Hannah, Weimar

Zubereitungszeit: 20 Minuten + 2 Stunden
Personen: 8 - 12

ZUTATEN

BODEN

250 ml	Wasser, lauwarm
50 g	Zucker
400 g	Dinkelmehl, Typ 630
5 g	Hefe
80 g	Schlagfix Rapsmargarine
10 g	Backkakao
1 Prise	Meersalz, fein

FÜLLUNG

200 g	Schlagfix Nuss-Nougat Creme
3	Bananen
750 ml	Schlagfix Schlagcreme gesüßt
1 Prise	Meersalz, fein
1	Vanilleschote
20 g	Backkakao
20 g	Rohrzucker, braun

ZUBEREITUNG

BODEN

Wasser mit Zucker, Kakaopulver, der Hefe und einer Prise Salz verrühren. Das Dinkelmehl hinzugeben, die Schlagfix Rapsmargarine unter die Masse heben und kräftig kneten.

60 Minuten gehen lassen.

Den Teig ausrollen, auf ein rundes Kuchenblech geben, weitere 20 Minuten gehen lassen und bei 160° C 30 Minuten backen.

FÜLLUNG

Den Kuchen auskühlen lassen und mit einem Kuchenmesser horizontal halbieren. Den oberen Teil zur Seite stellen. Den unteren Teil aushöhlen. Den ausgehöhlten Kuchen mit Schlagfix Nuss-Nougat Creme ausstreichen und mit halbierten Bananen auslegen.

Die Schlagfix gesüßte Schlagcreme aufschlagen, eine Prise Salz und das Mark der Vanilleschote hinzugeben und die Creme über den Kuchen streichen.

Den restlichen gebackenen Teig zerbröseln, mit Backkakao und dem Rohrzucker vermengen und über den Kuchen streuen.

Kinderleicht

HIMBEER-CREME DESSERT

Rezeptvorschlag von
Anastasia, Billroda

Zubereitungszeit: 20 Minuten
Personen: 8 – 12

ZUTATEN

100 g	Himbeeren, gefroren
400 ml	Schlagfix Schlagcreme gesüßt
1 EL	Kokosraspeln
1 EL	Rohrzucker, braun
	Schokostreusel
	Schlagfix Sprühcreme

ZUBEREITUNG

Zuerst je 200 ml Schlagfix gesüßte Schlagcreme in getrennten Schüsseln aufschlagen. Danach in einer Schüssel ein paar Himbeeren unterheben.

Die restlichen Himbeeren mit dem braunen Rohrzucker und den Kokosraspeln in einer Schüssel vermengen.

Mit der Schlagcreme (ohne Himbeeren) den Boden des Glases bedecken. Danach die Himbeeren auf der Schlagcreme platzieren.

Die Himbeercreme anschließend oben über die Himbeeren geben.

Mit Streuseln, Himbeeren und einem Schlagfix Sprühcreme-häubchen garnieren.

Kinderleicht

MANDEL-SCHOKO COOKIES

Rezeptvorschlag von
Hannah, Weimar

Zubereitungszeit: 60 Minuten
Personen: 6

ZUTATEN

125 g	Schlagfix Rapsmargarine
60 g	Zucker
50 g	Rohrzucker, braun
1	Vanilleschote
175 g	Mehl, Typ 405
25 g	Mandelmehl
½ TL	Natron
1 Prise	Meersalz, fein
50 ml	Schlagfix Schlagcreme universell
80 g	Schokolade
15 g	Mandelblätter

ZUBEREITUNG

Schlagfix Rapsmargarine mit dem weißen und braunen Zucker und dem Mark der Vanilleschote mixen, bis eine cremige Konsistenz entsteht.

Das Mehl, Mandelmehl, Natron und eine Prise Salz in einer separaten Schüssel vermengen. Die Mehlmischung mit der Rapsmargarine und der Schlagfix universellen Schlagcreme vermengen und durchkneten.

Die Schokolade und die Mandelblätter hacken und ebenfalls unter die Masse heben. Backpapier auf ein Blech legen, mit den Händen kleine Kugeln formen und breit drücken.

Die Cookies gleichmäßig auf dem Backblech verteilen und bei 160° C 15 - 20 Minuten backen.

„UND GOTT SPRACH: SEHET DA, ICH HABE EUCH GEGEBEN ALLE PFLANZEN, DIE SAMEN BRINGEN, AUF DER GANZEN ERDE, UND ALLE BÄUME MIT FRÜCHTEN, DIE SAMEN BRINGEN, ZU EURER SPEISE."

BIBEL 1. MOSE 1-3

GRÜNKERNBURGER
MIT VOLLKORNBUNS

Rezeptvorschlag von
Hannah, Weimar

Zubereitungszeit: 90 Minuten
Personen: 6 - 8

ZUTATEN

BUNS

500 g	Dinkelvollkornmehl
1 EL	Zucker
1,5 TL	Meersalz, fein
10 g	Trockenhefe
250 ml	Sojamilch
50 ml	Wasser, lauwarm
2 EL	Schlagfix Rapsöl mit Buttergeschmack
200 ml	Sojasahne
2-3 EL	Sesam

BRATLINGE

1	Zwiebel
1 Bund	Petersilie
1 EL	Schlagfix Rapsöl mit Buttergeschmack
200 g	Grünkernschrot
500 ml	Gemüsebrühe
2 EL	Eiersatz, z.B. No Egg
70 g	Haferflocken
1 EL	Paprikapulver, geräuchert
1 EL	Senf, mittelscharf
1 Prise	Meersalz, fein
1 Prise	Pfeffer, schwarz

ZUBEREITUNG

BUNS

Trockenhefe mit Zucker, Salz, Sojamilch, Wasser und dem Schlagfix Rapsöl vermengen. Alles zum Mehl geben und kräftig kneten. Teig etwa 50 Minuten bei Zimmertemperatur gehen lassen.

Den Teig zu einer Rolle formen, in fünf bis sechs Teile schneiden und zu Kugeln formen. Auf Backpapier setzen und leicht andrücken. Mit einem Küchentuch abdecken und 20 Minuten gehen lassen, bis die Teiglinge etwa das doppelte Volumen erreicht haben.

Mit der Sojasahne bestreichen und Sesam darauf streuen. Bei 180° C etwa 15 Minuten backen.

BRATLINGE

Die Zwiebel und die Stängel der Petersilie fein hacken und im Schlagfix Rapsöl anschwitzen, bis sie leicht Farbe annehmen.

Grünkernschrot und Eiersatz (z.B. No Egg) hinzufügen und mit der Gemüsebrühe aufgießen. Zu einem dicken Brei kochen, ausquellen und auskühlen lassen.

Die Haferflocken, den Senf und das Paprikapulver unterheben und mit Salz und Pfeffer abschmecken. Daraus kleine Bratlinge formen und in einer Pfanne bei mittlerer Hitze braten.

SCHOKOLADENBROWNIE

Rezeptvorschlag von
Anastasia, Billroda

Zubereitungszeit: 40 Minuten
Personen: 6 - 8

ZUTATEN

400 ml	Schlagfix Schlagcreme universell
200 ml	Schlagfix Rapsöl mit Buttergeschmack
60 g	Xylit (Birkenzucker)
60 g	Vanillerohrzucker
120 g	Mehl, Typ 405
70 g	Backkakao
5 g	Backpulver
20 g	Eiersatz, z.B. No Egg

ZUBEREITUNG

Zuerst die flüssigen Zutaten mit den Zuckersorten vermischen, bis sich der Zucker zum größten Teil gelöst hat.

Erst dann die restlichen Trockenzutaten unterheben. Nicht zu sehr rühren und schlagen, damit sich kein Kleber bildet.

Backblech mit Backpapier auslegen und die Masse gleichmäßig darauf verteilen. Bei 160° C ca. 25 Minuten backen.

Brownie auf dem Blech auskühlen lassen.

DINKELWAFFELN
MIT NUSS-NOUGAT CREME

Rezeptvorschlag von
Anastasia, Billroda

Zubereitungszeit: 20 Minuten
Personen: 4

ZUTATEN

350 g	Dinkelmehl, Typ 630
15 g	Eiersatz, z.B. No Egg
75 g	Rohrzucker, braun
50 g	Kokosblütenzucker
10 g	Backpulver
40 g	Chiasamen
1	Vanilleschote
1 Prise	Meersalz, fein
400 ml	Schlagfix Schlagcreme universell
150 ml	Wasser
20 ml	Schlagfix Rapsöl mit Buttergeschmack
200 g	Schlagfix Nuss-Nougat Creme
	Schlagfix Sprühcreme
	Früchte

ZUBEREITUNG

Alle trockenen und nassen Zutaten separat mischen.
Die Vanilleschote längs aufschneiden, das Mark herauskratzen, zu den flüssigen Zutaten geben und verrühren.

Die flüssigen und die trockenen Zutaten zu einem glatten Teig verrühren.

Mit einem Küchenpinsel das Waffeleisen mit Schlagfix Rapsöl gut einfetten und die Waffeln darin goldgelb ausbacken.

Mit Schlagfix Nuss-Nougat Creme und Schlagfix Sprühcreme toppen und mit Himbeeren oder anderen Früchten garnieren.

Kinderleicht

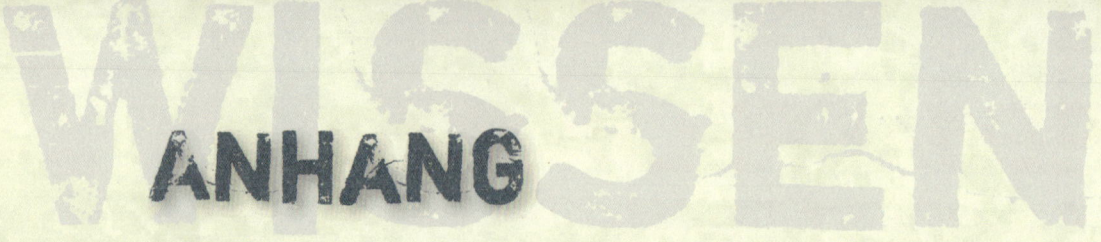
AGAR-AGAR
geschmacksneutrales, pflanzliches Binde- und Geliermittel aus Meeresalgen; hauptsächlich in Ostasien gewonnen; Verwendung als Alternative zu Gelatine in Form von Pulver oder Flocken, zum Andicken von süßen und pikanten Speisen

AGAVENDICKSAFT
mexikanisches Süßungsmittel, hergestellt aus dem Saft der Agave; Ersatz für Zucker oder Honig

AMARANTH
Pseudogetreide; eine der ältesten Kulturpflanzen der Welt mit vielfältigen Zubereitungsmöglichkeiten und hohem Eiweißgehalt; Blätter können außerdem als Gemüse gegessen werden

BIRKENZUCKER
besteht aus Xylit, einem natürlichen Zuckeralkohol; wird u.a. aus der finnischen Birke gewonnen; Verwendung zur Herstellung von Backwaren, Süßspeisen und Marmeladen

BOCKSHORNKLEESAMEN
winterharte Pflanze, die bereits seit der Antike angebaut wird; Verwendung als Gewürz und vielseitiges Heilmittel

BUCHWEIZENMEHL
Mehl aus geschälten Buchweizenkörnern für Breigerichte, Fladen, Suppen oder Nudeln; nicht eigenbackfähig, da ohne Klebeeigenschaften

CHIA
ursprünglich aus Mexiko stammende Pflanze; besitzt einen besonders hohen Anteil an Omega-3-Fettsäuren, Proteinen, Antioxidantien und Mineralstoffen

EIERSATZ, (Z.B. NO EGG)
pflanzlicher Eiersatz auf Basis von Kartoffelstärke und Tapiokamehl; alle Rezepte wurden von uns mit Orgran No Egg entwickelt; Eiersatz nach Packungsanleitung mit Wasser mischen

FLEUR DE SEL
besonderes Meersalz, welches nur an heißen, windstillen Tagen in Handarbeit mit einer Holzschaufel abgeschöpft wird

GERSTONI
zartkernige Premium-Gerste mit wertvollen Nährstoffen; Anwendung als Fitness-Flocken zum Frühstück oder als regionale Alternative zu Reis und Couscous in Hauptgerichten, Salaten und Desserts

KALA NAMAK
salziges, stechend riechendes vulkanisches Steinsalzmineral; traditioneller Bestandteil ayurvedischer Gerichte; eignet sich hervorragend zur Nachbildung von Ei-Geschmack

KAPERN
in Salzlake und Essig eingelegte Blütenknospe des Kapernstrauchs; seit der Antike Verwendung als Kochzutat, Heilmittel und Aphrodisiakum

KREUZKÜMMEL
getrocknete Früchte einer asiatischen Pflanze aus der Familie der Doldenblütler; Bezeichnung abgeleitet aus dem kümmelähnlichen Aussehen der getrockneten Früchte; es besteht allerdings keine nähere Verwandtschaft oder geschmackliche Ähnlichkeit zwischen beiden Pflanzen

KURKUMA
Pflanzenart innerhalb der Familie der Ingwergewächse aus Südostasien; Verwendung der Wurzel vor allem gemahlen wegen seiner Färbekraft; wesentlicher Bestandteil von Currypulver; dunkel und nicht zu lange lagern, da Farbe bei Licht schnell verblasst und es an Aroma verliert

MASALA-APHRODITE
spezielle Gewürzzubereitung aus der indischen Küche

NORI-ALGEN
essbare Meeresalgen, die als geröstete Blätter verkauft werden; Verwendung vor allem für Sushi-Rollen

PANKO-PANIERMEHL
ein aus der japanischen Küche stammendes Paniermehl aus Brotkrume

QUINOA
anspruchslose Pflanze mit hohem Eiweißanteil und einzigartiger Aminosäurestruktur; seit 6000 Jahren ein Hauptnahrungsmittel in den Anden; Verwendung als Getreide- und Reisersatz, außerdem zur Herstellung von Bier

SUMAK
ein orientalisches rotes, herbsäuerliches Gewürz aus getrockneten und grobgemahlenen Stein- und Scheinfrüchten des sog. Gerbersumachs; es macht die türkische und arabische Küche pikanter

SPITZWEGERICH
krautige, heimische Arzneipflanze; meist an Feldrändern, auf Wiesen oder Waldrändern zu finden; kühlend, reizmildernde und schmerzlindernde Wirkung

TAHINA
auch Tahini genannt, ist eine Paste aus feingemahlenen Sesamkörnern; stammt aus der arabischen Küche; zur Zubereitung von Hummus, Dips oder als Beilage

VEGGYNESS
vegane Fleischalternative aus BIO-Weizen; herkömmlichen Fleischprodukten nachempfunden

REGISTER

SCHLAGFIX - SORTIMEMT

Alle Produkte erhalten sie unter anderem über www.schlagfix.de. Weitere Informationen: www.schlagfix.de/faq

UNSERE PARTNER

www.vanilla-bean.com

veganer Restaurantführer

VEGGYNESS

www.veggyness.de

vegane Fleischersatzprodukte

GASTROBACK®

www.gastroback.de

hochwertige Design-Küchengeräte

www.ave.vg

veganer Groß- und Einzelhandel

www.orgran.com

veganer Eiersatz & mehr

www.bistro-gartenliebe.de

veganes Bistro & Café in Weimar

IMPRESSUM

1. Auflage, 2016

Lektorat: Carolin Heinicke, Laucha/Unstrut; Sibylle Streubel, Gehren
Idee: Kirsten Hartung, LeHA GmbH
Gestaltung, Umsetzung: Jens Richter, Gartenliebe Weimar
Fotos: Jens Richter, Gartenliebe Weimar
Druck + Bindung: CPI books GmbH, Leck – Germany

ISBN: 978-3-7374-0251-4

FSC
www.fsc.org
MIX
Papier aus verantwortungsvollen Quellen
FSC® C083411

FOTONACHWEIS
Nathalia Soares: Seiten 34, 48
Tom Franz: Abbildungen aus dem Buch "So schmeckt Israel"
Erschienen im AT Verlag, Seiten 55, 75, 86, 120 (Fotograf: Dan Perez, Stylist: Amit Farber)
Andreas Läsker (Musikwirtschaft.de GmbH): Seiten 84, 85